초등학생을 위한 지식습관 ⑭

고대 로마 30
ANCIENT ROME

글 사이먼 홀랜드
중세 문학, 문화와 역사를 전공했으며, 과학, 기술 관련 주제를 책을 쓰는 데에도 열정을 가지고 있습니다. 우리나라에 소개된 책으로는 『DK 살아있는 과학 백과 – 03 우주』, 『DK 살아있는 과학 백과 – 02 파충류』 등이 있습니다.

그림 애덤 힐
아프리카공화국의 수도 케이프타운을 중심으로 활동하는 일러스트레이터이자 그래픽 디자이너입니다.

옮김 김은영
서울대학교 자연과학부에서 지구시스템과학을, 동대학원에서 고생물학을 공부했다. 지금은 과학을 쉽고 재미있게 전달하기 위해 책을 쓰고, 우리말로 옮기고 있다. 쓴 책으로는 『미션키트맨 2』가 있고, 『과학 없는 과학』, 『세상을 바꾼 수학』, 『지식이 번쩍! Creativity Book _ 깜짝 발명』, 『진짜 진짜 재밌는 과학 그림책』, 『뱅! 어느 날 점 하나가』 등을 우리말로 옮겼다.

감수 조한욱
서강대학교 대학원 사학과를 졸업하고 미국 텍사스 주립대학교 사학과에서 박사 학위를 받았다. 『역사와 문화』 책임편집자, 문학사학회 회장을 역임하고, 현재 한국교원대학교 역사교육과 명예교수이다. 쓴 책으로는 『문화로 보면 역사가 달라진다』, 『서양 지성과의 만남』, 『내 곁의 세계사』, 『소소한 세계사』 등이 있으며, 옮긴 책으로는 『바이마르 문화』, 『고양이 대학살』, 『문화로 본 새로운 역사』 등이 있다. 『차이나는 클라스』, 『벌거벗은 세계사』, 『내일을 여는 인문학』 등의 TV 프로그램에 출연하여 역사학 대중화를 위해 노력하고 있다.

초등학생을 위한 지식습관 ⑭

고대 로마 30
ANCIENT ROME

글 사이먼 홀랜드 | 그림 애덤 힐 | 옮김 김은영 | 감수 조한욱

차례

위대한 제국, 고대 로마 6

로마의 등장 8
1 로마의 기원 12
2 공화국 시대 14
3 로마 제국의 시작 16
4 로마의 황제들 18

강대한 로마 제국 20
5 로마 제국의 군대 24
6 전투 장비 26
7 대형 병기 28
8 대전투 30
9 로마 도시 32

공학, 건축, 예술 34
10 로마의 기술 38
11 도로 건설 40
12 상하수도 42
13 건축 기술 44
14 로마인의 집 46
15 화려한 도시 48
16 위대한 예술 50

일상생활 52
17 신분 제도 56
18 어린 시절 58
19 로마인의 먹거리 60
20 다양한 음식 62
21 공중목욕탕 64
22 전차 경주와 검투 경기 66

사상과 종교 68
- **23** 위대한 사상가들 72
- **24** 미신과 점술 74
- **25** 로마의 신들 76
- **26** 종교 축제 78
- **27** 크리스트교 80

무너진 제국 82
- **28** 서로마 제국의 멸망 86
- **29** 동로마 제국의 멸망 88
- **30** 로마의 유산 90

지식 플러스
로마 제국의 유적과 유물 92

위대한 제국, 고대 로마

고대 로마는 역사상 가장 유명한 나라 가운데 하나입니다. 로마인이 세운 거대한 제국은 사라졌지만, 로마의 문화는 아직도 우리에게 많은 영향을 미치고 있습니다.
고대 로마는 일상생활, 기술, 문화, 정치의 모든 면에서 당시 다른 나라와 비교할 수 없을 만큼 시대를 앞서간 놀라운 문명이었기 때문입니다.

로마 문명은 2000년이 넘는 시간 동안 세계 곳곳으로 뻗어 나갔습니다. 대체 로마인들은 어떻게 이 엄청난 일을 해냈을까요? 우선 로마인들은 다양한 문화를 받아들이는 것을 겁내지 않았습니다. 자신들에게 필요하면 받아들였지요.
로마인들은 자신들이 일군 문명이 가장 뛰어나다고 믿었고, 훌륭한 로마 군단의 힘을 빌려 가능한 한 많은 나라를 정복하여 로마 제국의 영토로 만들었습니다. 그리고 자신의 문명을 널리 퍼뜨렸습니다.

지금도 로마 문명은 살아 있습니다. 많은 로마식 건물, 조각상, 동전, 항아리, 모자이크, 장신구와 더불어 시, 연극, 문서와 편지가 지금껏 남아 있습니다. 수도꼭지를 돌릴 때, 달력을 볼 때, 우리는 고대 로마인들의 방식을 사용합니다.

로마에 관한 30가지 이야기를 한눈에 빨리 읽어도 되고 천천히 읽어도 괜찮습니다. 구석구석 숨어 있는 다양한 정보를 찾아 로마인들과 만나 보세요.

로마의 등장

고대 로마는 작은 농촌 마을에서부터 시작됐습니다. 천천히 힘을 키운 로마는 아름다운 신전, 우뚝 솟은 기념물, 넓은 광장을 갖춘 북적이는 대도시가 됐습니다.

로마 초기에는 시민들이 뽑은 의원이 나라의 정책을 결정하는 '공화국'이었지만, 기원전 27년에 아우구스투스가 공화국을 무너뜨리고 로마의 첫 황제가 됐습니다. 이때부터 로마 제국이라고 합니다. 한때 로마 제국은 유럽의 거의 전 지역과 지중해 주변의 땅을 모두 지배했습니다.

로마의 등장
읽기 전에 알아두기

공화국 왕이 아닌 국민이 직접 뽑은 관리와 의원들이 정부와 의회를 이루고 다스리는 국가. 로마의 공화정은 현대 공화국의 바탕이 됐다.

귀족 고대 로마의 지배 계급. 귀족은 재산과 지위를 자식들에게 물려줄 수 있었다.

기원전 예수 그리스도가 태어나기 전의 연도. 기원전은 지금 우리가 쓰는 서기 연도와 달리 거꾸로 센다. 예를 들어 기원전 500년은 예수 그리스도가 태어나기 500년 전을 말한다.

내전 같은 나라의 국민끼리 편을 갈라 벌이는 전쟁.

시민 고대 로마에서 정치가를 선출할 권리를 비롯한 다양한 권리와 자신의 재산을 가질 수 있었던 계급.

왕국 왕이나 여왕이 다스리는 국가나 지역.

웅변술 대중 앞에서 말하는 기술. 로마 원로원 의원들은 동료들을 설득하기 위해 웅변술을 펼치곤 했다.

원로원 로마가 공화정이었을 때 정책 자문 기관으로 부유한 귀족만 원로원에 들어갈 수 있었다. 민회와 함께 로마를 이끌었으며 공화정 때는 실질적인 지배 기관이었다.

정무관 로마 시민이 선출한 로마 정부의 관리. 집정관, 감찰관, 법무관, 건설관, 재무관으로 구성되어 있다.

정복 군대를 이끌고 남의 나라에 쳐들어가 땅을 빼앗고 복종시키는 것.

제국 로마 역사에서 공화국 이후의 황제가 다스리던 시대. 또는 로마가 정복하고 지배했던 영토 전체를 일컫는 말이다.

집정관 로마 공화정의 지도자. 집정관은 두 명이 선출됐으며 임기는 1년이었다. 각자 상대의 선택에 반대표를 던질 수 있는 '비토(반대)'권을 갖고 있었다.

카르타고인 북아프리카의 도시 국가 카르타고(현재의 튀니지)에 살았던 사람들. 카르타고인들은 강력한 해군을 이용해 기원전 650년경부터 146년까지 지중해 연안의 대부분을 지배했다.

황제 로마 제국의 최고 지도자. 로마 제국의 첫 번째 황제는 아우구스투스였다.

한눈에 보는 지식
1 로마의 기원

로마의 역사는 기원전 1000년 무렵에 이탈리아 중부에 있는 테베레강에 주변에서 시작됐습니다. 테베레강 주변에는 7개의 언덕이 있었는데, 로마 사람들은 그곳에서 농사를 지으며 살았습니다. 7개의 언덕 중에서 팔라티노 언덕과 카피톨리노 언덕은 훗날 로마의 중심지가 됐습니다. 기원전 625년 무렵에 언덕 주변에 정착한 사람들이 힘을 합쳐 작은 왕국을 세웠습니다. 이 사람들을 라틴인이라고 불렀습니다.

기원전 650년에서 600년 사이에 라틴인이 살고 있는 지역에는 에트루리아인을 비롯한 여러 민족들도 들어와 함께 살기 시작했습니다.

에트루리아인은 원래 지중해 연안 동부에 살았던 걸로 추측하고 있습니다. 이들은 기원전 1000년 무렵에 지중해를 떠나 이탈리아에 도시 국가를 세웠고, 각 도시 국가는 왕이 다스렸습니다. 초기 로마의 왕들도 에트루리아인이었습니다. 이들은 카피톨리노의 신전과 로마의 대형 하수구인 클로아카 막시마를 비롯한 여러 중요한 건축물을 지었습니다.

로마 건국 전설
로마인들은 신의 아들이 로마를 세웠다고 믿었습니다.
전쟁의 신 마르스에게는 로물루스와 레무스라는 쌍둥이 아들이 있었습니다. 둘은 아기 때 바구니에 담겨 테베레강에 버려졌습니다. 바구니가 강의 암석에 걸려 가라앉으려 할 때, 쌍둥이를 발견한 어미 늑대가 자신의 젖을 먹여서 키웠습니다. 그 후 쌍둥이는 양치기에게 발견돼 그들의 손에 자랐습니다. 어른이 된 그들은 도시를 세우기로 했지만, 어디에 세울 것인지를 두고 다투다가 로물루스가 레무스를 죽이고 자신의 이름을 딴 도시인 로마를 세웠습니다.

한줄요약
로마의 역사는 테베레강 주변의 농경민들이 왕국을 세우면서 시작됐습니다.

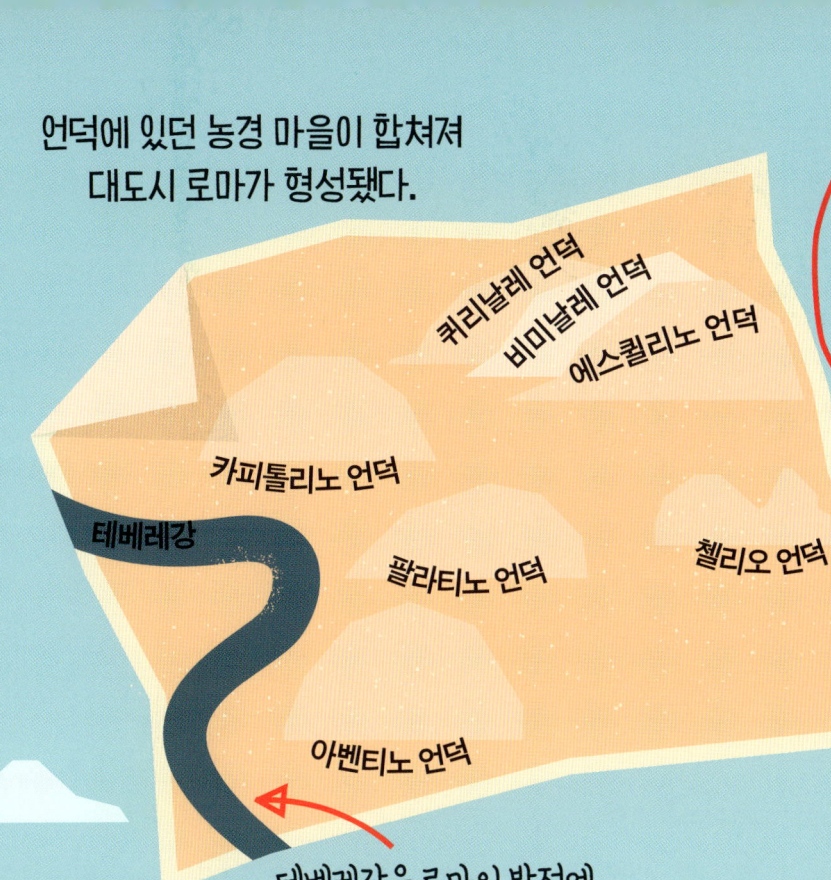

언덕에 있던 농경 마을이 합쳐져 대도시 로마가 형성됐다.

퀴리날레 언덕
비미날레 언덕
에스퀼리노 언덕
카피톨리노 언덕
테베레강
팔라티노 언덕
첼리오 언덕
아벤티노 언덕

로마는 언덕에 살던 사람들이 힘을 합해 세웠다. 팔라티노 언덕과 카피톨리노 언덕이 로마의 중심지가 됐다.

테베레강은 로마의 발전에 중요한 역할을 했다. 로마인들은 로마로부터 32km 떨어진 해안에서부터 테베레강을 따라 식량이나 물품을 날랐다.

초기 로마인들은 농부이거나 양치기였다.

한눈에 보는 지식
2 공화국 시대

로마는 처음에 사람들이 선출한 왕이 다스리는 나라였습니다. 여섯 번째 왕까지는 나라를 잘 다스렸습니다. 왕들은 신전과 성벽을 쌓고, 로마 시민들을 위해 전차 경주와 권투 경기를 열었습니다. 또 주변의 땅을 정복해 영토도 늘려 갔습니다.

하지만 로마의 일곱 번째 왕인 타르퀴니우스는 무자비한 폭군이었습니다. 그는 로마 시민들을 무자비하게 대했고, 타르퀴니우스와 그의 가족은 자신들이 법보다 위에 있다고 믿었습니다. 결국 기원전 509년에 로마 시민들은 타르퀴니우스를 쫓아내고, 공화국을 세웠습니다.

로마 공화국은 200년 동안 이어졌습니다. 시민들은 투표로 정무관을 뽑아서 로마의 행정 업무를 보게 했습니다. 정무관은 입법 기관이자 자문 기관인 원로원의 조언을 들어야 했습니다. 부유하고 힘이 있는 귀족들만 원로원의 의원이 될 수 있었습니다. 이들은 죽을 때까지 원로원 의원으로 살았습니다.

로마 공화국의 최고 관직은 시민이 뽑은 집정관이었습니다. 집정관은 두 명으로, '콘술'이라고도 합니다. 이들은 행정과 군사 업무를 맡아 보았는데, 너무 큰 권력을 휘두르지 않도록 임기는 고작 1년이었답니다.

한줄요약
처음에 로마는 왕이 다스렸는데, 시민들이 공화국으로 만들었습니다.

원로원
종신직이었던 원로원 의원들은 모여서 나라의 중요한 정치 문제를 토론했습니다. 전쟁을 해야 할 때나 나라의 돈을 쓸 때 따라야 할 법령 문서를 정무관이나 집정관에게 주거나 조언을 하기도 했습니다. 원로원은 자주 시끌벅적했습니다. 나랏돈을 어떻게 쓸 것인가를 두고 온갖 고성과 호통, 야유, 다툼이 오갔답니다!

로마에서 가장 중요한 사람들이 모인 원로원은 실질적으로 로마 공화국을 통치했다.

시민이 뽑은 집정관은 로마 시민을 대표했으며 행정과 군사 업무를 맡아 보았다.

원로원 의원들은 원로원 의사당인 '쿠리아'에 모여 회의를 했다.

'콘술'이라 불리는 집정관의 지위가 가장 높았다.

많은 원로원 의원은 사람을 설득하는 '웅변술'이 뛰어났다.

15

한눈에 보는 지식
3 로마 제국의 시작

기원전 1세기경 로마는 이탈리아의 거의 전 지역을 차지했습니다. 그리고 지중해 지역을 정복하기 위해 전쟁을 시작했습니다. 북아프리카에 있는 카르타고, 그리스에 있는 마케도니아 왕국과 전쟁을 벌여 승리했습니다. 이로써 지중해 지역은 로마가 지배하게 됐지요.

그 뒤 로마의 권력자들 사이에 치열한 다툼이 벌어졌습니다. 기원전 45년, 율리우스 카이사르 장군은 군대를 이끌고 가장 강력한 경쟁자인 폼페이우스와 싸워 이기고 최고 권력자가 됐습니다. 그러자 많은 로마인이 카이사르가 공화정을 무너뜨리고 황제가 될까 봐 걱정했습니다. 결국 기원전 44년, 카이사르는 공화정을 지키려는 원로원 의원들 손에 죽임을 당했습니다.

카이사르가 죽은 뒤에 카이사르의 가장 가까운 부하였던 안토니우스와 카이사르의 친척인 옥타비아누스가 함께 로마를 다스렸습니다. 하지만 곧바로 이 둘 사이에 싸움이 벌어져서 내란이 일어났습니다. 기원전 31년, 악티움 해전에서 옥타비아누스는 안토니우스를 누르고 승리했습니다.

옥타비아누스는 카이사르 아우구스투스라는 이름을 받았습니다. 그리고 기원전 27년, 아우구스투스는 로마의 첫 번째 황제가 됐습니다. 이로써 로마는 황제가 나라를 다스리는 제국의 길로 들어섰습니다. 결국 권력자 사이에 일어난 오랜 다툼으로 로마의 공화정은 무너진 것이지요.

한줄요약
최고 권력자들 사이의 다툼 때문에 로마의 공화정은 무너졌습니다.

카이사르의 암살!

율리우스 카이사르(기원전 100~44년)는 매우 인기 있는 정치인이자 뛰어난 장군이었습니다. 로마 시민들 사이에서 그의 인기는 하늘을 찌를 듯이 높았습니다. 그러자 원로원에서는 카이사르가 공화정을 무너뜨리고 황제가 될까 봐 두려워했습니다. 카이사르가 원로원에서 토론을 벌이고 있을 때, 원로원 의원들이 무리를 지어 카이사르를 칼로 찔렀습니다.

한눈에 보는 지식
4 로마의 황제들

로마 제국의 첫 번째 황제인 아우구스투스부터 1453년에 동로마 제국이 사라질 때까지, 로마를 다스린 황제와 공동 황제는 250명이 넘습니다. 그중 끔찍한 황제도 있었고, 권력을 오래 못 지킨 황제도 많았습니다. 물론 뛰어난 장군도 있었고, 존경을 받은 황제도 있었습니다.

로마 제국의 황제들은 권력을 마음껏 쓸 수 있었습니다. 클라우디우스나 트라야누스 같은 황제들은 여러 나라를 정복하여 영토를 넓히고, 시민들을 위한 정책을 펼쳤습니다. 그리고 정복당한 나라의 국민들도 로마인들이 가장 '옳다고' 믿는 가장 '좋은' 생활 방식을 따르도록 했습니다.

하지만 권력을 나쁘게 쓴 황제도 적지 않았습니다. 특히 '칼리굴라'라는 별명으로 잘 알려진 가이우스는 흉악한 폭군이었습니다. 칼리굴라가 황제가 되고 처음 얼마 동안은 시민들에게 인기가 많았습니다. 시민들이 좋아하는 놀이와 오락에 엄청난 돈을 쏟아부었기 때문이었지요. 그런데 시간이 지나면서 칼리굴라는 점점 권력을 마구 쓰기 시작했고, 자신이 신과 같은 대접을 받아 마땅하다고 주장했습니다. 심지어 대머리가 되어가는 칼리굴라의 머리를 쳐다본 사람은 바로 죽였다고 합니다. 결국 칼리굴라는 스물아홉 살 때 병사들에게 목숨을 잃었습니다.

한줄요약
로마 황제 중에는 훌륭한 황제도 있었고, 폭군인 황제도 있습니다.

우리 집의 황제가 되자!
어떤 황제는 용감하고, 결단력이 있고, 똑똑하고 공정했습니다. 또 어떤 황제는 마음이 약하거나 포악했습니다.
여러분은 어떤 황제가 되고 싶나요? 여러분이 여러분의 집안을 다스린다면, 가장 중요한 원칙은 무엇일까요? 로마 제국처럼 우리 집에 꼭 필요한 10가지 정책을 써 보세요.

지금도 유명한 로마의 황제들은
로마 제국을 강하게 만들었거나
잔인한 폭군이었다.

카이사르 아우구스투스
(재위: 기원전 27년~서기 14년)

로마의 첫 번째 황제로, 강한 군대를 통해 로마의 평화와 안정을 되찾았다.

칼리굴라
(재위: 서기 37~41년)

원로원을 무시하고 나랏돈을 함부로 썼으며 자신이 신이라고 주장했다.

트라야누스
(재위: 서기 98~117년)

제국을 가장 크게 넓힌 황제로, '위대한 정복자'라고 불린다.

콘스탄티누스
(재위: 서기 306~337년)

로마 역사상 처음으로 기독교를 믿는 황제였다. 수도를 비잔티움으로 옮기고 '콘스탄티노플'이라고 불렀다.

네로
(재위: 서기 54~68년)

잔인한 지도자였던 네로는 적들을 마구 처형했다. 그중에는 자신의 아내도 있었다!

디오클레티아누스
(재위: 서기 284~305년)

약해진 제국을 네 지역으로 나누고, 각 지역에 책임자를 두고 제국을 다시 강력하게 만들었다.

강대한 로마 제국

로마 군대는 훌륭한 무기와 잘 훈련된 병사로 이루어져 있었습니다. 그 당시 어느 나라보다 강한 군대였지요. 로마 제국은 카르타고인, 게르만족, 그리고 그 밖의 여러 민족과의 전쟁을 통해 브리튼섬에서 북아프리카까지 뻗은 거대한 영토를 갖게 됐습니다.
로마 제국은 새로 정복한 어마어마한 땅을 지키기 위해, 영토의 국경을 따라 잘 연결된 요새를 세웠습니다.

강대한 로마 제국
읽기 전에 알아두기

갈리아족 지금의 프랑스 지역에 살던 켈트 민족 사람들. 갈리아족은 로마의 침입에 맞서 자신의 영토를 지킨 전사이자 농부였다. 하지만 기원전 52년 율리우스 카이사르가 이끈 로마 군대에 항복했다.

공성 망치 앞에 철을 붙인 크고 무거운 통나무. 성벽과 성문을 두드려 깰 때 썼다.

공성 탑 적의 성이나 요새 근처로 이동할 수 있도록 바퀴를 단 탑. 여기서 병사들은 방어벽 너머로 화살을 쏘고, 공성 망치로 벽과 성문을 부술 수 있다.

군단병 고대 로마 시민 중에서 선발한 45살 미만의 군인.

기병 말을 타고 다니며 주변을 살피거나 소식을 전달하는 역할을 하던 군대. 로마 군단마다 120명의 기수로 구성된 기병이 있었다.

대형 잘 훈련받은 로마 군대가 미리 정해진 위치에서 정해진 움직임을 펼치는 것.

발리스타 커다란 석궁의 한 종류. 요새에서 화살이나 바윗덩어리를 날려 보낼 때 썼다.

백인대 8명씩 10조가 모여 총 80명으로 이루어진 부대.

보병대 80명으로 이루어진 백인대 부대 6개를 묶은 집단.

시민 고대 로마에서 정치가를 선출할 권리를 비롯한 다양한 권리를 갖고 재산을 가질 수 있었던 계급.

투석기 바위를 날려 성벽과 방어 시설을 뚫는 거대한 장치.

한눈에 보는 지식
5 로마 제국의 군대

로마 제국의 군대는 아주 강했습니다. 당시 제국의 군대와 맞서 싸울 군대는 거의 없었습니다. 군인들도 잘 훈련받았으며 군대 조직도 아주 잘 짜여져 있었기 때문입니다.

<u>로마 제국의 군대는 거대한 군단으로 이루어져 있었습니다. 하나의 군단에는 장교와 병사를 비롯해 전쟁에 직접 참여하지 않는 군의관 같은 보조병까지 합해서 6000명 정도의 군인이 있었습니다. 서기 1세기에는 28개 군단이 있었습니다. 전체 군단의 군인 수는 무려 16만 8000명이지요!</u>

로마 제국의 군인들은 꽤 많은 급여를 받았습니다. 계급에 따라 승진도 할 수 있었고, 전투에서 승리하면 성과급도 받았지요. 군인들은 급여 가운데 일부를 식량과 군대에서 필요한 장비, 무기를 사는 데 써야 했습니다. 서양에서 일하고 받는 돈을 '샐러리(salary)'라고 하는데, 라틴어로 소금이라는 뜻의 '살라리움(salarium)'에서 나왔습니다. '살라리움'은 로마 군인들이 당시 아주 값이 비쌌던 소금을 살 수 있을 만큼 넉넉하게 받았던 봉급을 뜻하는 말입니다.

군인은 로마 제국 전 지역에서 뽑았습니다. 한 번 군인이 되면 군대에서 25년간 일해야 했답니다.

한줄요약
<u>로마 군대는 잘 훈련받은 군인들로 이루어진 조직이었습니다.</u>

로마 군인의 삶

좋은 점
- 세계 여행
- 훌륭한 교육
- 평생 직업
- 급여와 전리품을 받음
- 퇴직할 때 연금이나 토지를 받음

나쁜 점
- 엄격한 형벌
- 위험한 전투
- 불편한 생활
- 여자는 군인이 될 수 없고, 군인은 결혼할 수 없음
- 고생스러운 육체 노동

군단 하나는
5000명에서 6000명으로
이루어졌다.

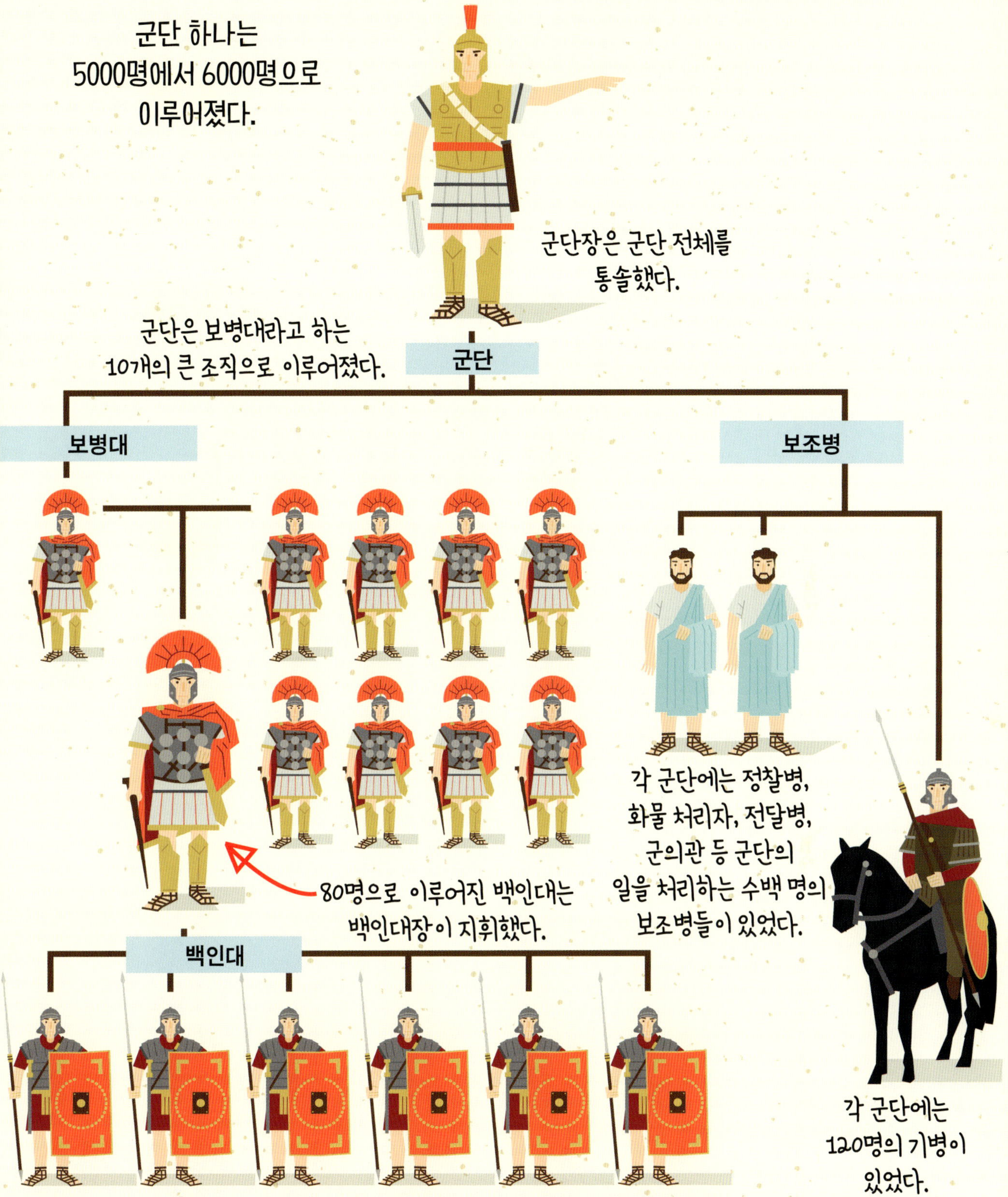

군단장은 군단 전체를 통솔했다.

군단

군단은 보병대라고 하는 10개의 큰 조직으로 이루어졌다.

보병대

보조병

각 군단에는 정찰병, 화물 처리자, 전달병, 군의관 등 군단의 일을 처리하는 수백 명의 보조병들이 있었다.

80명으로 이루어진 백인대는 백인대장이 지휘했다.

백인대

보병대 하나에는 6개의 백인대가 있었다.
총 480명이다.

각 군단에는 120명의 기병이 있었다.

25

한눈에 보는 지식
6 전투 장비

로마 군인은 괜찮은 직업이었지만 굉장히 힘들었습니다. 로마 군인은 텐트, 식량, 조리 도구, 무기, 개인 장비, 갑옷 등 무려 40kg이 넘는 짐을 짊어지고 매일 30km씩 행군해야 했지요.

군인들은 필룸이라고 하는 두 개의 긴 투창을 가지고 다녔습니다. 적의 군대에 돌진할 때 적에게 던지기 위해서였지요. 짧은 검인 '글라디우스'도 로마 군인이 꼭 들고 다니는 무기였습니다. 적군과 직접 맞붙어 싸울 때 글라디우스를 들고 싸웠지요. 만약 부러지거나 손에서 놓쳐 글라디우스를 쓸 수 없다면, 아주 짧은 칼인 '푸기오'를 꺼내 들었습니다. 왼손으로는 방패를 들고, 머리에는 투구를 써서 몸을 보호했답니다.

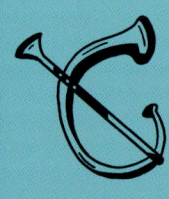

로마 군인은 여러 가지 대형을 훈련했습니다. 그중 테스투도라고 하는 거북이 대형은 군인들이 방패로 군대 전체를 둘러 막는 대형입니다. 먼 앞에서 빗발치듯 날아오는 화살을 막으며 성 앞까지 다가갔지요. 쐐기 대형 또는 삼각 대형은 열을 지어 늘어선 적군의 부대를 파고들 때 썼답니다.

로마 군단에는 활을 쏘는 궁수, 중장 병기 조종사, 말을 타는 기병, 그리고 수영을 잘하는 수병들도 있었습니다. 이들은 적을 공격할 때 '깜짝 공격'에 나섰답니다.

한줄요약
로마 군인은 갑옷을 입고, 단검과 창으로 무장했습니다.

스쿠툼 만들기
로마 군인의 방패인 스쿠툼을 직접 만들어 봅시다.
준비물 골판지, 색연필, 색종이, 가위, 셀로판테이프
만드는 방법
① 골판지를 큼지막한 직사각형 모양으로 잘라 내고 세로로 골이 져 있는지 확인하세요.
② 그림을 그려 넣거나 색종이를 붙여 방패를 꾸미세요.
③ 골판지를 잘라 두 개의 작은 끈을 만들고, 방패 뒷면에 붙이세요.
④ 방패 양면을 조금씩 잡아당겨 전체적으로 볼록한 형태로 만드세요.

한눈에 보는 지식
7 대형 병기

로마 군대은 영토를 넓히고 반란을 막으며 로마 제국의 국경을 침입하는 적들과 맞서 싸웠습니다. 로마 군대는 적들을 공격할 때 공성 탑 같은 대형 병기를 이용했습니다. 몇 년 동안 전투를 하는 경우도 많았기 때문에 병기도 오래 쓸 수 있도록 튼튼하게 만들었습니다.

어떤 병기는 조립식 가구처럼 끌차에 부품을 실어 전쟁터까지 끌고 가서는 그곳에서 바로 조립해 병기를 만들었습니다. 어떤 병기는 전쟁터에서 군인들이 직접 나무를 베어서 만들었습니다.

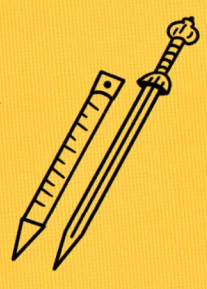

투석기는 바위나 불붙인 타르 덩어리를 던지는 거대한 장치로, 300m까지 날려 보낼 수 있었습니다. 로마 군인은 바위나 타르 덩어리를 투석기로 쏘아 적의 요새 안으로 날렸습니다. 또한 커다란 석궁인 발리스타로 적에게 돌이나 창을 날렸습니다.

군단이 요새나 도시를 공격할 때는 나무를 높이 세워 만든 '공성 탑'을 벽 가까이에 붙였습니다. 그러고는 공성 탑 꼭대기까지 올라가 공성 망치, 밧줄, 갈고리, 사다리를 이용해 성벽을 넘었습니다.

한줄요약
대형 병기를 사용하여 로마 군대는 적을 공격했습니다.

미니 투석기 만들기
준비물 아이스크림 막대 3개, 고무줄, 종이, 도와줄 어른
만드는 방법
① 어른에게 서로 마주 보도록 세운 아이스크림 막대 2개를 꼭 잡고 있어 달라고 부탁하세요. 그리고 두 막대 사이에 고무줄을 거세요.
② 3번째 막대를 고무줄 사이에 끼우고 고무줄이 충분히 팽팽해질 때까지 막대를 돌려 감으세요.
③ 종이를 돌돌 구겨 만든 총알을 막대 끝의 '발사대'에 둔 다음, 날리세요!

로마 군단은 적을 공격할 때 여러 가지 대형을 사용하고,
강력한 대형 병기를 이용해
적의 도시와 요새를 무너뜨렸다.

군인들끼리 서로 맞붙어 싸우는
백병전은 굉장히 잔인했다.
거북이 등껍질처럼 방패로 사방을
둘러싸는 테스투도라는 거북이 대형은
로마 군인들을 조금이나마 보호했다.

높은 공성 탑을
적의 성벽 가까이에 붙이면
병사들이 성벽을 넘어
도시로 쳐들어갈 수 있다.

투석기로 쏘아 올린 돌멩이나
타르 덩어리는 300m나 날아갈 수 있었다.
멀리 떨어진 적의 요새 안까지
날려 보낼 수 있었다.

공성 탑을 비롯한
대형 병기는 너무 크고
무거워서 군인들이 전쟁터에서
나무를 베어 바로 만들기도
했다.

한눈에 보는 지식
8 대전투

로마 제국은 영토를 넓히고, 넓어진 영토를 지키기 위해 육지와 바다에서 수많은 전투를 치러야 했습니다. 그만큼 적도 많았습니다.

당시 로마의 가장 큰 적은 카르타고였습니다. 카르타고는 북아프리카에 있던 강한 도시 국가로, 지중해 주변을 다스리고 있었습니다. 로마는 기원전 264년부터 146년에 걸쳐 로마는 카르타고와 세 차례의 큰 전쟁을 벌였습니다. 이 전쟁을 '포에니 전쟁'이라고 하는데, 이때 카르타고 군대를 이끈 한니발 장군은 로마를 벌벌 떨게 했습니다. 그의 아버지는 어린 한니발에게 "평생 로마를 적으로 삼겠다."라는 맹세를 하게 했다고 합니다.

로마와 싸운 또 다른 큰 적은 지금의 헝가리와 독일 지역에 살았던 훈족이었습니다. 훈족의 왕 아틸라는 로마 제국에 맞서는 다른 민족과 힘을 합쳐 로마와 전투를 여러 번 치렀습니다.

그리스 북서쪽의 도시 국가 에피로스를 다스리던 피로스왕도 로마에 맞섰습니다. 피로스왕은 로마군에 맞서 두 차례의 큰 전투에서 이겼지만, 로마군과 싸우다가 너무 많은 군인을 잃었습니다. 그래서 지금도 어마어마한 희생과 비용을 치르고 얻은 승리를 '피로스의 승리'라고 부른답니다.

알프스산맥을 넘은 한니발

기원전 218년, 한니발 장군은 코끼리와 군대를 이끌고 스페인과 프랑스를 지나 이탈리아로 가기 위해 알프스산맥을 넘었습니다. 그 과정에서 군대의 4분의 3과 대부분의 코끼리를 얼어붙은 산속에서 잃었습니다.
그 후에도 한니발 장군은 북이탈리아를 15년간 공격하고 로마를 거의 5km 앞에 둔 곳까지 쳐들어왔습니다. 하지만 로마를 정복하는 데에는 실패하고 말았답니다. 한니발은 다음 전투를 기약하며 군대를 이끌고 스페인으로 돌아갔습니다.

한줄요약
로마는 카르타고, 훈족, 피로스왕 같은 강한 적들과 전투를 벌였습니다.

기원전 218년부터 204년까지 이어진
제2차 포에니 전쟁에서
카르타고 군대를 이끈 한니발 장군은
알프스산맥을 넘어 로마를 침공했다.

한니발 장군이 스페인에서 시작해
프랑스를 거쳐 이탈리아 남부로 이동했다.

■ 알프스산맥
● 로마

한니발 장군은 알프스산맥을 통해
로마를 쳐들어가
로마인을 깜짝 놀라게 하려 했다.

한니발 장군이
로마를 치러 출발했을 때
코끼리는 30~40마리가
있었지만, 그중 대부분은
알프스산맥을 넘는
도중에 죽었다.

한니발 장군은
여러 번 로마를 침략했지만,
결국 로마를 정복하지는 못했다.

한눈에 보는 지식
9 로마 도시

로마인들은 새로운 땅을 정복해서 제국을 넓히기 위해 애썼습니다. 하지만 넓어진 영토를 지키는 일은 매우 힘들었습니다. 로마인들은 나라의 경계인 국경선을 따라 튼튼한 성벽을 쌓고 요새를 지었습니다. 적들이 로마를 쳐들어오지 못하도록 하기 위해서였지요.

<u>요새가 지어지면 그 주변에 병사와 장교, 그리고 군대와 관련된 일을 하는 사람들로 이루어진 작은 마을이 생겼습니다. 이들은 500~1000명 정도가 마을에서 함께 살며 여러 가지 일을 했습니다.</u>

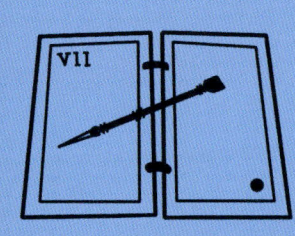

로마에서 가장 먼 곳에 있던 요새는 로마인이 서기 43년에 정복한 브리튼섬에 있었습니다. 브리튼섬은 지금의 영국입니다. 로마인은 서기 122년에 브리튼 북부에 16개의 요새를 거느린 성벽을 쌓았습니다. 이 성벽을 하드리아누스 황제가 쌓았다고 해서 '하드리아누스 성벽'이라고 합니다. 적들이 북쪽에서 로마 국경을 침입하는 것을 막기 위해서 쌓은 것으로, 로마 제국의 가장 북쪽에 있는 국경선이었습니다.

브리튼섬에 있는 로마 군인들의 삶은 엄청나게 힘들었습니다. 가족에게 따뜻한 양말을 보내 달라고 부탁하는 로마 군인이 있을 정도였습니다. 북쪽의 혹독한 겨울은 정말이지 견디기 어려웠으니까요!

한줄요약
로마 제국은 자신들이 정복한 영토에 요새를 지었습니다.

요새 설계하기
준비물 흰 종이, 펜이나 연필, 자
만드는 방법
요새 마을을 설계해 보세요. 적을 막기 위해 성벽, 탑, 도랑을 어떻게 만들 것인지, 사람들은 어떻게 드나들 것인지 생각해서 그림으로 그려 보세요. 그곳에 살게 될 수백 명의 군인과 다른 사람들이 쓸 건물과 물자를 어떻게 나누면 좋을까요? 잠자는 숙소, 식품점, 화장실, 마구간도 잊지 말고 넣어 주세요.

로마인은 제국의 국경선을 따라 성벽을 쌓고 거대한 요새를 지었다.

요새 안에는 병원, 마구간, 작업장, 식품점, 빵집, 목욕탕, 공중화장실이 갖추어져 있었다.

요새를 빙 둘러 튼튼한 벽과 도랑, 높은 탑을 쌓아 적으로부터 요새를 방어했다.

로마 군인들은 비좁은 방에서 지냈다. 한 방에 8명, 한 구역에 80명이 함께 살았다.

로마 군인의 삶은 힘겨웠다. 기본적인 생활 조건만 갖춘 채, 고향에서 멀리 떨어져 몇 년 동안 살아야 했기 때문이다.

공학, 건축, 예술

로마인은 아주 뛰어난 건축가이자 공학자였습니다. 이들은 거대한 건물과 제국 구석구석까지 뻗은 도로를 건설했습니다. 그중 일부는 지금까지 남아 있지요.

로마인은 놀라운 기술로 아치, 송수로, 콘크리트, 심지어 최초의 중앙난방 설비까지 다양한 발명품을 만들어 냈습니다!

로마인은 솜씨 좋은 화가이자 공예가이기도 했습니다. 그리스 예술의 영향을 받은 아름다운 조각품과 프레스코화, 모자이크를 남겼지요.

공학, 예술, 건축
읽기 전에 알아두기

검투사 원형 경기장에서 사람과 사람 또는 사람과 맹수를 싸우게 하여 시민들의 구경거리로 삼았을 때 칼을 가지고 싸운 사람들. 검투사 중에는 여성도 있었다.

광석 땅에서 캐낼 만큼 가치가 있는 금속을 포함한 돌.

군단병 로마 시민 중에서 선발한 45살 미만의 군인. 나중에는 돈을 받는 직업 군인으로 바뀌었다.

모자이크 작은 돌이나 색유리 조각으로 표현한 그림이나 모양.

송수로 한 장소에서 다른 장소로 물을 끌어가는 시설. 아치 모양의 거대한 수도교, 땅 위에 판 수로, 지하수 터널로 이루어져 있었다.

아치 무지개같이 한가운데는 높고 길게 굽은 형상의 건축물.

아트리움 로마의 주택에 있는 중앙 안뜰.

원로원 고대 로마 사회에서 귀족이 모인 정부 집단. 원로원은 정책에 대해 논의하고 새로운 법률을 제안하거나 정무관에게 정치적인 조언을 했다.

인술라 로마의 가난한 시민들이 살던 여러 층의 아파트.

제국 고대 로마 역사에서 공화국 이후의 황제가 다스리던 시대, 또는 로마가 정복하고 지배했던 영토 전체를 일컫는 말.

원형 경기장 여러 층의 좌석으로 둘러싸인 커다란 원형이나 타원형의 경기장. 검투사 대결이나 그 밖의 다양한 오락 행사가 열렸다.

판석 납작하고 평평한 모양의 석재. 주로 바닥이나 벽면에 붙였다.

포룸 도시의 중앙에 있는 공공 광장. 시민들은 포룸에서 다른 사람을 만나고 업무 거래를 하며 물건을 사고팔았다. 사원이나 정부 건물과 같은 중요한 건물이 포룸을 둘러쌌다.

프레스코화 회반죽을 바른 벽에 그린 그림. 프레스코화는 부자들의 도시 주택과 별장의 벽을 장식했다.

황제 로마 제국의 최고 지도자. 거의 신과 같은 존재로 여겨지기도 했다.

한눈에 보는 지식
10 로마의 기술

로마인들은 다른 문화에서 필요한 것을 배워 자신의 것으로 만드는 능력이 뛰어났습니다. 또한 이를 바탕으로 기술을 더욱 발전시키는 능력도 뛰어났습니다. 그 결과 로마는 역사상 가장 강력하고 영향력이 큰 문명을 이룰 수 있었습니다.

로마의 대장장이들은 브리튼섬, 스페인, 포르투갈의 광산에서 캐낸 금, 은, 구리, 주석, 납, 철, 수은 등을 이용해 도구, 무기, 못, 동전, 장신구를 만들었습니다. 특히 로마의 대장장이들은 구리를 망치로 내리쳐 얇게 펴는 기술이 뛰어났습니다. 또한 광물을 녹여 순수한 금속을 뽑아냈으며, 금속을 액체로 만든 뒤 거푸집과 주물에 담아 여러 다양한 물건을 만들어 냈습니다.

로마의 유리공들도 솜씨가 훌륭했습니다. 예를 들어 로마의 유리공들은 각각 다른 색을 입힌 유리를 몇 겹이나 겹쳐 화병을 만들고, 화병의 가장 바깥쪽을 '볼록 튀어나온' 카메오 기법으로 조각해 화병을 만들었습니다.

로마 제국은 전 지역에 건축물을 많이 지었는데, 이 건물들은 튼튼하면서 방수도 되는 콘크리트로 지어졌습니다. 콘크리트는 무거운 돌덩이보다 훨씬 편하게 운반할 수 있었고 값도 쌌으며 쓰기도 쉬웠습니다. 또한 어떤 모양으로든 만들 수 있었답니다!

한줄요약
로마 제국의 장인들은 다른 문화의 기술을 배워 자신들의 기술로 만들었습니다.

로마식 장신구를 만들어 보자
준비물 알루미늄 포일, 색 구슬이나 플라스틱 보석

만드는 방법
① 알루미늄 포일을 커다란 정사각형 모양으로 자르고, 반으로 접어 두꺼운 판을 만드세요.
② 알루미늄 포일을 돌돌 말거나 접거나 서로 합쳐 장식용 팔찌, 목걸이, 브로치나 배지를 만드세요.
③ 알루미늄 포일로 만든 장신구에 색 구슬이나 플라스틱 보석을 붙여 꾸미세요.

로마의 대장장이들은 동전, 장신구, 무기 등을 만들었다.

로마인은 광석을 녹여서 순수한 금속만 뽑아낸 뒤 다양한 물건들을 만들었다.

풀무로 불 속에 공기를 불어 넣어 불을 더 뜨겁게 타오르도록 한다.

금속을 도가니에 담아 불로 달군다.

금속이 녹으면 도가니를 불에서 빼낸다.

녹인 금속을 진흙 거푸집에 붓고 식힌다.

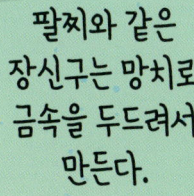

팔찌와 같은 장신구는 망치로 금속을 두드려서 만든다.

로마에서는 도구나 장신구를 만들 때 여러 금속을 썼지만, 그중에서 철이 가장 중요한 금속이었다.

한눈에 보는 지식
11 도로 건설

"모든 길은 로마로 통한다."라는 말을 들어본 적이 있나요? 로마 제국의 힘이 유럽 전체에 뻗어 있었다는 뜻입니다. 실제로도 로마는 제국 구석구석까지 도로를 건설했고, 모든 도로의 중심이었습니다. 로마의 도로는 로마 문명을 유럽 곳곳에 퍼뜨리는 데 아주 중요한 역할을 했습니다. 로마인들은 도로를 통해 흩어져 있는 로마 제국의 땅에 군대를 이동시키고, 생산품이나 식량 등을 나를 수 있었습니다.

로마는 도로를 닦을 때 곧게 길을 닦으려고 했습니다. 그래야 사람들이 오가기 쉬웠으니까요. 도로에는 간단한 이정표와 거리 안내판도 세웠습니다. 도로 군데군데에는 여관과 식당도 있었습니다. 이곳에서 여행객들과 말은 배를 채우고 쉬다 갈 수 있었습니다. 로마 군인들이 도로를 순찰했기 때문에 여행객들은 안전하게 다닐 수 있었습니다.

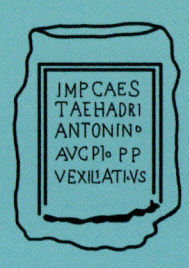

로마의 도로는 로마 병사들이 제국 곳곳을 가로지르며 무려 800년에 걸쳐 닦았습니다. 도로는 자갈이나 부서진 돌멩이로 덮은 단순한 길도 있지만 중요한 도로는 땅을 파고 판석, 모래, 자갈, 부순 돌멩이로 층을 만들어 단단하게 쌓았습니다. 도로의 일부는 2000년이 지난 지금까지도 그대로 남아 있습니다.

학자들은 만약 로마가 제국의 땅에 도로를 건설하지 않았다면, 거대한 제국의 영토를 지키기 힘들었을 거라고 합니다.

한줄 요약
로마인은
제국 구석구석까지
도로를 건설했습니다.

전투를 위한 길

기원전 312년에 건설된 아피아 가도는 로마 도로 가운데 가장 중요한 도로였습니다. 아피아 가도는 로마가 삼니움과 전투를 하려고 건설하기 시작했습니다. 처음에는 로마에서 190km 떨어진 카푸아까지 이어진 도로였지만 나중에는 브룬디시움까지 연장됐습니다. 이 도로는 병사 수천 명이 한꺼번에 걸어도 끄떡없을 정도로 튼튼하게 건설됐습니다.

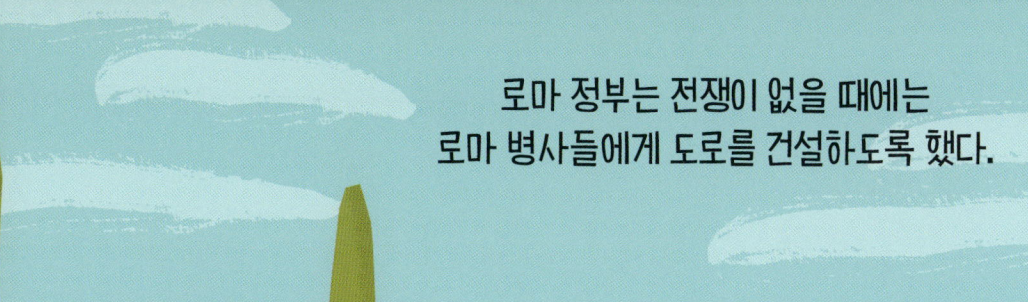

로마 정부는 전쟁이 없을 때에는 로마 병사들에게 도로를 건설하도록 했다.

빗물이 도로 가장자리로 흘러내릴 수 있게 도로의 맨 위는 볼록 솟게 만들었다.

도로의 가장자리에는 도랑이나 돌로 된 관을 만들어 도로에서 떨어진 빗물이 흘러가도록 했다.

먼저, 로마 병사들이 도로를 만들기 위해 깊은 도랑을 팠다.

그러고는 그 안에 모래, 자갈, 부순 돌멩이를 차례로 쌓았고 그 위에는 화산재로 굳히거나 판석을 깔았다.

한눈에 보는 지식
12 상하수도

도시였던 로마는 사람들이 마시고 빨래하고 요리하는 데 많은 물이 필요했습니다. 로마 사람들은 생활에 필요한 물을 계곡이나 강의 상류에서 끌어왔습니다. 물을 끌어올 때 수도관을 놓았는데, 그 수도관을 도시까지 끌어오기 위해 터널을 뚫거나 수도관을 받치는 수도교를 놓기도 했습니다. 수도교는 도시에 가까워질수록 높이를 낮아지게 만들어 물이 잘 흐르게 했습니다.

로마에는 오랜 시간에 걸쳐 11개의 수도교를 만들었습니다. 이 수도교를 통해 매일 수억 리터의 물이 로마 시내로 들어왔습니다. 그중 일부는 저수조에 모았다가 물을 깨끗하게 하게 한 다음 수도관을 통해 여러 건물로 보냈습니다. 저수조로 흘러가지 않은 물은 분수에서 바로 뿜어 나왔습니다.

집과 화장실에서 나오는 오물과 더러워진 물은 하수도로 흘려 보냈습니다. 처음에는 물길을 파서 오물을 강으로 흐르게 했습니다. 나중에는 뚜껑을 덮어 냄새가 나지 않도록 했지요. 아무리 가난한 사람일지라도 공중화장실을 이용할 수 있었으며 집 안에서 나오는 오물은 큰 하수구에 버려서 집이 더러워지는 걸 막을 수 있었습니다. 공중화장실의 시설도 꽤나 좋았습니다. 난방 장치가 있어서 겨울에도 따뜻했답니다.

한줄요약
상하수도 시설 덕분에 깨끗한 물을 끌어오고, 오물을 내보낼 수 있었습니다.

포리카
로마의 공중화장실은 '포리카'라고 합니다. 앉는 곳에 둥근 구멍이 뚫린 긴 의자 두 개로 이루어져 최대 20명까지 한꺼번에 쓸 수 있었습니다. 로마 사람들은 공중화장실에서 이야기를 나누고 소문을 주고받는 장소였습니다. 로마인은 휴지 대신 긴 막대 끝에 스펀지가 달린 '스폰기아'를 썼습니다. 스폰기아를 쓰고 난 뒤에는 물에 헹구고 다음 사람이 쓸 수 있도록 제자리에 뒀답니다!

도시에 사는 로마 사람들은
계곡이나 강의 상류에서 물을 끌어와 썼다.
오물은 하수도를 통해 흘러 보냈다.

수도교를 통해 도시로 들어온 물은 거대한 저수조에 모였다.

수도교는 아래에 있는 도시로 물이 잘 흘러내릴 수 있도록 기울어져 있었다.

로마인은 공중화장실에서 볼일을 본 뒤 젖은 스펀지로 뒤처리를 했다.

오물은 하수도를 통해 강으로 흘러갔어요.

43

한눈에 보는 지식
13 건축 기술

로마 제국은 건축 기술과 토목 기술이 뛰어났습니다. 제국 땅에 여기저기에 어마어마하게 큰 건축물을 지었지요. 로마의 건축가들은 정치가들이 회의하는 공공건물을 비롯해 사원, 공중 목욕탕, 대형 극장을 세웠습니다. 그리고 로마인의 힘을 자랑하는 큼지막한 기념물까지 세웠지요.

로마의 건축물 가운데는 아치를 이용한 것도 많았습니다. 아치는 둥그런 활 모양으로 건축 재료를 쌓는 방식으로, 건축물의 무게를 잘 견디게 해 주었습니다. 로마 사람들은 아치 덕분에 넓은 공간의 건축물을 지을 수 있었습니다. 아치 모양의 문은 네모 모양의 문보다 크게 만들 수 있어서 사람과 탈것이 많이 지나다닐 수 있었습니다.

로마인들은 아치를 발전시킨 돔도 만들었습니다. 돔은 둥근 모양의 지붕으로, 아치를 여러 개 이어 붙여서 만든 것이지요. 로마인들이 만든 돔 건물 중에서 로마에 있는 판테온 신전이 가장 유명합니다. 콘크리트를 이용한 판테온 신전의 돔은 건설된 지 거의 2000년이 지났지만 지금도 철근을 쓰지 않은, 세계에서 가장 큰 콘크리트 돔이랍니다.

한줄요약
건축과 토목 기술이 뛰어났던 로마인들은 위대한 건축물을 남겼습니다.

아치 다리 만들기
준비물 휴지 심, 마분지, 가위, 투명테이프

만드는 방법
① 휴지 심을 가로로 잘라 아치 두 개를 만드세요. 휴지 심을 더 많이 모아 아치를 만드세요.
② 투명테이프를 이용해 반으로 자른 휴지 심의 끝끼리 서로 이어 붙여 하나의 긴 아치를 만드세요.
③ 마분지를 잘라 ②에서 만든 아치의 길이만큼 긴 종이 끈을 만드세요.
④ 종이 끈을 아치의 윗면에 길게 붙이세요.
⑤ 처음에는 가벼운 물체를 올렸다가 점점 더 무거운 물체를 올려 보세요.

판테온은 돔을 이용한 건축물로,
판테온의 지붕은 지금도 철근을 쓰지 않은,
세계에서 가장 큰 콘크리트 돔이다.

판테온은 '모든 신들의 신전'이라는 뜻으로,
로마의 신들에게 바쳐진 신전이다.
하지만 정확한 쓰임새는 알 수 없다.

판테온의 돔은
철근을 단 하나도
쓰지 않고 만들었다.

돔의 꼭대기에는
커다란 구멍이 뚫려 있다.
이 구멍을 통해 빛이
들어온다.

고대 그리스 신전의 기둥 양식을
흉내 냈다.

도리아 양식의 기둥은
가장 오래됐고
가장 단순하다.

이오니아 양식의 기둥은
도리아식보다
우아하다.

코린토스 양식의 기둥은
장식이 많다.

45

한눈에 보는 지식
14 로마인의 집

로마인이 살던 집은 다양했습니다. 크고 아름답게 지은 집이 있는가 하면, 아주 조잡하게 지은 집고 있고, 지저분하고 낡은 집도 있었습니다. 물론 부유한 사람은 큰 집에, 가난한 사람은 좁고 지저분한 집에 살았지요.

도시에 사는 가난한 사람들은 가족과 함께 '인술라'에 살았습니다. 인술라는 여러 가구가 붙어 있는 작은 아파트로, 1층에는 상점들이 있었습니다. 모든 인술라에 화장실과 상수도 시설이 갖춰진 것은 아니었습니다. 또한 좋은 재료로 짓지 않았기 때문에 집에 금이 가거나 심지어 무너지기도 했답니다.

부유한 로마 사람들은 크고 좋은 주택에서 살았습니다. 건물 앞에는 '아트리움'이라고 하는 안뜰이 있었고, 그 주변에 방이 늘어서 있었습니다. 로마인은 빗물을 모아 연못으로 흘러들게 해서 집 안을 시원하게 만들었습니다. 연못의 물이 넘치면 땅속에 있는 저수조로 흘러갔습니다. 저수조에 모은 물은 마시거나 요리에 썼습니다.

로마인은 우리나라의 온돌과 비슷한 중앙 난방도 발명했습니다. 아궁이에서 데워진 따뜻한 공기가 마루 밑 공간과 벽의 빈 벽돌을 따라 움직이며 건물 전체를 데우는 방식이었습니다.

한줄요약
부유한 로마 사람들은 크고 시설을 갖춘 멋진 집에서 살았습니다.

화산재에 뒤덮인 폼페이 유적
서기 79년, 베수비오산이 화산 폭발을 일으키며 용암과 화산재가 퍼져 근처의 도시 폼페이를 거의 1500년간 묻어 버렸습니다. 1748년에 폼페이를 발견했을 때 도시와 그곳에 살던 사람들이 대부분이 고스란히 남아 있었습니다. 화산재가 모든 것을 덮은 채 단단하게 굳은 덕분입니다. 폼페이의 발견으로 역사학자들은 로마인의 생활을 생생하게 엿볼 수 있었답니다.

한눈에 보는 지식
15 화려한 도시

로마의 도시는 화려하고 사치스러웠습니다. 하지만 낡고 지저분한 뒷골목도 있었습니다. 큰 기념물이 세워진 멋들어진 공공장소에서 겨우 몇 미터 떨어진 곳에 상점, 가난한 사람이 사는 인술라, 사람들로 복작거리는 거리가 있었지요.

로마시를 비롯한 로마 제국의 도시는 거의 대부분 도시 가운데 '포룸'이 있었습니다. 포룸은 넓은 공공 광장으로, 로마 사람들은 포룸에서 만나 물물교환을 하고 안부를 나누고 정치 토론을 했습니다. 도시에서 가장 큰 사원과 공공건물이 포룸을 둘러싸고 늘어서 있었습니다. 포룸에서 시작된 격자 모양의 포장도로는 도시 밖으로 나가 멀리까지 뻗어 있었습니다. 도시는 적의 침략을 막으려고 성벽으로 둘러싸여 있었고, 성문은 병사들이 지키고 있었지요.

도시는 모든 시민이 즐길 수 있는 오락거리로 가득했습니다. 키르쿠스 막시무스라는 경기장에서는 전차 경주가 열렸습니다. 오늘날의 서커스는 이 '키르쿠스'라는 말에서 유래 되었습니다. 로마의 거대한 원형 경기장인 콜로세움은 4만 5000명에서 5만 명의 관중이 들어갈 수 있었습니다. 원형 경기장에서는 검투사의 결투가 벌어졌습니다. 황제들은 이렇게 건물을 짓고 재미있는 오락거리를 로마 사람들에게 제공하는 데 많은 돈을 썼습니다.

한줄요약
로마 제국의 도시 가운데에는 '포룸'이 있었습니다.

나만의 마을 설계하기
준비물 종이, 펜과 연필, 자

만드는 방법
① 종이에 광장을 그리고, 학교, 공원, 마트 또는 상점, 수영장, 영화관 같은 공공건물이 들어설 공간을 나누세요.
② 공공건물을 어떻게 배치할지 그려 보세요.
③ 여러분의 집은 어디에 지을지 장소를 정하고 그려 보세요.

포룸은 기념물, 공공건물, 사원 등으로 둘러싸여 있다.

로마 제국의 도시들은 도시 한가운데 아주 넓은 공공 광장인 포룸이 있었다.

포룸의 한 모퉁이에는 연단이 있었다. 로마 시민들은 연단에 올라가 시민들에게 연설할 수 있었다. 연설자를 '웅변가'라고 불렀다.

사람들은 포룸에서 만나 정치 토론을 하고 물물교환을 했다.

한눈에 보는 지식
16 위대한 예술

고대 로마의 예술가들은 솜씨가 아주 뛰어났습니다. 이들은 다른 문화의 앞선 기술을 배우고 익히는 데 주저하지 않았습니다. 여기에 자신들만의 방식을 섞어 더 훌륭한 예술품을 만들어 냈습니다. 로마의 예술가들이 만든 섬세하고 아름다운 도자기, 훌륭한 조각품 등은 지금까지 많이 남아 있답니다.

로마 사람들은 조각상도 많이 남겼습니다. 그중에는 로마에서 인기 있고, 힘 있는 인물의 조각상도 있습니다. 로마의 조각가들은 조각하는 인물의 생김새를 보이는 대로 거의 똑같이 조각했습니다. 그런데 인물의 조각상 중에는 머리를 '갈아낄' 수 있도록 조각된 것도 있습니다. 조각상으로 만든 인물의 힘과 인기가 사라지면 새로 떠오른 영웅의 머리만 조각해서 바꿀 수 있도록 만든 거랍니다.

로마의 화가들은 프레스코도 많이 남겼습니다. 프레스코는 벽에 회반죽을 바른 다음 마르기 전에 물감을 물에 개서 그린 그림입니다. 또한 벽과 바닥을 모자이크로 장식하기도 했습니다. 모자이크는 여러 가지 색깔의 돌, 유리 조각, 도자기 조각을 시멘트 등으로 붙인 무늬가 있는 그림입니다. 로마의 예술가들은 다양한 무늬, 초상화, 신화 속의 한 장면을 모자이크로 표현했지요. 이 밖에도 나무나 상아 같은 재료에 그림을 그렸습니다.

한줄요약
로마의 예술가들은 뛰어난 조각품, 그림, 모자이크를 남겼습니다.

모자이크 자화상 그리기
준비물 여러 가지 종이(오래된 잡지, 흰 종이나 티슈, 알루미늄포일 등), 큰 종이나 마분지, 연필, 풀

만드는 방법
① 종이를 작은 조각으로 자르거나 찢으세요.
② 마분지나 큰 종이에 연필로 얼굴을 선으로 그리세요. 눈, 귀, 입, 코, 머리카락도 선으로 그려 넣으세요.
③ 모자이크 조각을 이리저리 배치해 여러분의 자화상을 장식하세요.
④ 배치가 마음에 든다면, 풀로 조각을 붙이세요.

일상생활

고대 로마의 부유한 사람들은 좋은 집에서 좋은 음식을 먹으며 편하게 살았습니다. 힘든 일은 노예가 대신 해 주었습니다. 부유한 집의 아이들은 좋은 학교를 다니며 좋은 교육을 받았지요. 하지만 가난한 사람들은 힘들게 살았습니다. 아이들은 교육을 받기도 어려웠고요.

하지만 모든 로마 시민은 아무리 가난해도 정부에서 제공하는 오락거리를 무료로 즐길 수 있었습니다. 로마 사람들은 전차 경주와 검투사 대결을 무척 좋아했습니다.

일상생활
읽기 전에 알아두기

검투사 원형 경기장에서 사람과 사람 또는 사람과 맹수를 싸우게 하여 시민들의 구경거리로 삼았을 때 칼을 가지고 싸운 사람들. 검투사 중에는 여성도 있었다.

군단병 로마 시민 중에서 선발한 45살 미만의 군인. 나중에는 돈을 받는 직업 군인으로 바뀌었다.

사제 사원과 그와 관련된 종교 행사를 책임지는 종교적 지도자. 사제는 신들에게 동물 제물을 바치기도 했다.

서고트족 로마인과 싸운 게르만의 한 부족. 알라리크 1세가 이끄는 서고트 군대는 서기 408년에 로마를 포위하고 2년 후에는 점령했다.

시민 고대 로마에서 정치가를 선출할 권리를 비롯한 다양한 권리를 갖고 재산을 가질 수 있었던 계급.

원로원 로마가 공화정이었을 때 입법·자문 기관. 부유한 귀족만 원로원에 들어갈 수 있었다. 민회, 정무관과 함께 로마를 이끌었으며 공화정 시절 실질적인 지배 기관이었다.

원형 경기장 여러 층의 좌석으로 둘러싸인 커다란 원형이나 타원형의 건물로, 검투사 대결이나 그 밖의 다양한 오락 행사가 열렸다.

제국 로마 역사에서 공화국 이후의 황제가 다스리던 시대, 또는 로마가 정복하고 지배했던 영토 전체를 일컫는 말.

철필 밀랍 판에 글씨를 쓸 때 쓰는 금속 필기구.

평민 계급이 낮고 재산도 많이 모을 수 없는 평범한 로마인.

포룸 도시의 중앙에 있는 공공 광장. 시민들은 포룸에서 다른 사람을 만나고 업무 거래를 하며 물건을 사고팔았다. 사원이나 정부 건물과 같은 중요한 건물이 포룸을 둘러쌌다.

황제 로마제국의 최고 지도자. 거의 신과 같은 존재로 여겨지기도 했다.

한눈에 보는 지식
17 신분 제도

로마 사람들은 크게는 자유민과 노예로 나뉘었습니다. 그중 자유민은 시민과 시민이 아닌 사람 또는 외국인으로 다시 나뉘었지요. 로마 시민은 다양한 권리를 누릴 수 있었습니다. 이들은 몸에 주름지게 걸쳐 늘어뜨리는 긴 모직 옷인 토가를 입었습니다.

로마 시민도 여러 계급으로 다시 나뉩니다. 가장 높은 계급은 황제였고, 그 아래 아주 부유한 원로원 의원들이 있었습니다. 원로원 의원들은 군단에 명령을 내리고 제국에서 일어나는 여러 문제에 관해 황제에게 조언을 하는 귀족들이었습니다. 이들은 사제도 될 수 있었습니다. 다음 계급은 말을 타는 기사였습니다. 그 아래에는 '평민'들이 있었습니다. 평민들은 농부, 상인, 군인 등의 직업을 갖고 있었답니다.

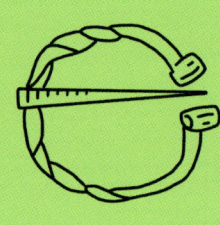

자유민이 아닌 사람들은 모두 노예였습니다. 노예들은 가축처럼 주인 마음대로 사고팔 수 있었습니다. 대부분의 노예들은 귀족의 집에서 집안일을 하거나 농사를 지었습니다. 어둡고 위험한 광산에서 힘든 일을 하는 것도 노예였습니다. 노예는 주인을 잘 만나면 좋은 대우를 받았습니다. 어떤 주인은 자신에게 충성을 바친 노예에게 자유를 주기도 했습니다. 노예는 재산을 모을 수 있었는데, 재산을 모은 노예는 주인에게 돈을 내고 자유민이 되기도 했습니다.

한줄요약
로마인들은 크게 자유민과 노예로 나눌 수 있습니다.

로마 여성의 지위
고대 로마의 여성은 남성과 같은 권리를 누리지 못했습니다. 교육을 받은 여성도 아주 적었고, 황제가 될 수 없었으며 원로원이나 군대에도 들어가지도 못했습니다. 정치에 참여할 권리도 없었고요.
대부분의 여성은 집안일을 하면서 살았습니다. 하지만 부모의 재산을 상속받을 수 있었기 때문에 재산을 갖고 자신의 사업을 하는 여성도 있었습니다.

한눈에 보는 지식
18 어린 시절

고대 로마 사람들은 어린 시절에는 즐겁게 놀 수 있는 시간이 많았습니다. 하지만 어른이 됐을 때를 준비하는 교육을 받는 것도 중요했습니다. 물론 신분에 따라 받는 교육은 달랐습니다.

노예의 자식으로 태어난 아이는 부모가 하는 일을 물려받거나 같은 주인을 위해 일하는 경우가 많았습니다. 가난한 평민의 자식들은 열 살 무렵부터 장인의 견습생으로 들어가 천을 짜는 직조나 가죽을 부드럽게 하는 무두질 등의 기술을 배웠습니다. 거리의 학교에서 공부를 하는 아이들도 있었습니다.

부유한 귀족 집안에서 태어난 남자 아이들은 교육을 잘 받았습니다. 교사로 일하는 노예인 '페다고구스'는 아이들을 학교에 데려다 주거나 집에서 가르쳤습니다. 학생들은 역사, 수학, 문학을 배웠지만 가장 먼저 라틴어를 읽고 쓰는 법을 배워야 했습니다. 아이들은 배운 내용을 몇 번이고 되풀이해서 공부했습니다.

하지만 로마의 아이들은 놀 때는 아주 재미있게 놀았습니다. 아이들은 인형, 팽이, 구슬, 바퀴가 달린 목마 같은 장난감을 가지고 놀았지요. 주사위나 돌멩이를 이용해서 보드게임도 즐겼습니다.

로마 신들과 그리스 신들

로마는 그리스의 문화와 신화를 받아들여 다시 로마 신화를 만들었습니다.
그러다보니 그리스 신화 속 신의 이름을 로마식으로 다시 붙였지만, 비슷한 역할을 한 신들이 많았습니다.

로마의 신	그리스의 신	로마의 신	그리스의 신
아폴로	→ 아폴론	마르스	→ 아레스
유피테르	→ 제우스	디아나	→ 아르테미스
베스타	→ 헤스티아	넵투누스	→ 포세이돈
미네르바	→ 아테나	불카누스	→ 헤파이스토스
유노	→ 헤라	베누스	→ 아프로디테
케레스	→ 데메테르	메르쿠리우스	→ 헤르메스

한줄요약
어린 아이들은 기술을 익히거나 공부를 해야 했지만, 놀 시간도 충분했습니다.

부유한 귀족 집안의 남자 아이들은 가정교사에게 배우거나 학교에서 공부했고, 놀 수 있는 시간도 많았다.
하지만 가난한 평민의 아이들은 장인의 견습생으로 들어가 기술을 배웠다.

로마의 어린이들은 구슬치기와 같은 놀이를 하면서 놀았다.

부유한 귀족 집안의 아이들의 교육은 '페다고구스'라는 노예가 책임졌다.

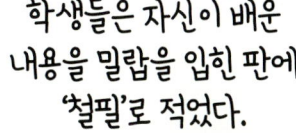

학생들은 자신이 배운 내용을 밀랍을 입힌 판에 '철필'로 적었다.

한눈에 보는 지식
19 로마인의 먹거리

로마 사람들의 주식은 밀이었습니다. 밀을 밀가루로 만들어 빵을 구워 먹었지요. 하지만 로마에서는 로마 사람들이 모두 먹을 수 있을 만큼 곡물을 재배할 수 없었습니다. 로마 사람들이 먹는 곡물은 거의 이집트와 북아프리카에서 들여왔습니다. 곡물을 실은 배는 항구인 오스티아에 도착해서 로마로 운반됐습니다. 또 스페인에서는 올리브유를, 브리튼섬에서는 모직물과 맥주를 들여왔습니다. 로마 군인들은 곡물이 안전하게 로마로 도착할 수 있도록 지중해를 지켰습니다.

로마 땅에서도 작물을 재배했습니다. 사실 대부분의 로마인은 농부였습니다. 이들은 좁은 땅에서 곡물, 포도, 올리브, 사과, 셀러리, 양파를 길렀습니다. 이에 비해 부유한 귀족들은 많은 노예들을 사들여 커다란 농장과 과수원, 목장을 경영했습니다. 그중에는 도시 사람들을 먹여 살릴 만큼 많은 양의 작물과 가축을 길러 내는 어마어마하게 넓은 곳도 있었습니다.

로마 땅에서는 올리브와 포도를 많이 재배했습니다. 올리브를 짜내 만든 올리브유를 거대한 항아리에 담아 제국의 전 영토로 보냈습니다. 올리브유는 요리할 때뿐만 아니라 등잔에 불을 밝히거나 공중 목욕탕에서 몸을 씻을 때도 썼습니다. 드넓은 밭에서 기른 포도로 포도주를 만들었습니다.

한줄요약
로마 제국은 제국의 전 지역에서 기른 식량을 들여왔다.

로마로부터 항복을 받아 내는 법
서기 408년, 로마에 쳐들어온 서고트족은 테베레강 입구에 있는 운하를 차지했습니다. 이 때문에 지중해를 건너온 곡물이 로마에 들어가지 못했습니다. 얼마 지나지 않아 로마 시민들에게 매일 배급되는 빵의 양이 반으로 줄었습니다. 곧이어 빵의 배급량은 3분의 1로 줄어들었지요. 몇 주가 지나자 로마인들은 굶주리기 시작했습니다. 몇 달 후 로마 원로원은 서고트족에게 돈을 지불했고 그들은 평화롭게 떠났습니다.

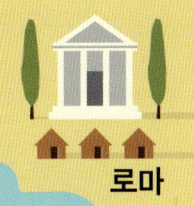
로마

로마 정부는 시민들이 배고픔을 겪지 않을 정도의
식량을 로마로 들여와야 했다.
먹을 것이 부족해지면 성난 로마 시민들은 폭동을 일으켰다.

오스티아 항구에 도착한
곡물은 테베레강을 통해
로마시로 운반됐다.

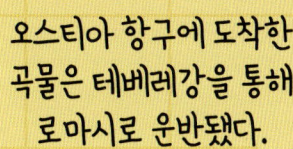

로마는 곡물을 배로 실어 나를
뿐만 아니라 직접 포도, 올리브, 양파,
사과와 같은 작물을 재배했다.

테베레강

오스티아

로마 제국 전 지역에서 온
밀, 올리브, 포도주를 실은 배는
지중해를 건넜다.

북아프리카는 로마 제국의
'곡창 지대'로, 로마 사람들은
이곳에서 수확하는 밀을
먹었다.

한눈에 보는 지식
20 다양한 음식

부유한 로마 귀족들은 맛있는 음식으로 가득한 호화로운 연회를 자주 열었습니다. 하지만 보통 로마 사람들은 아주 간단하게 차려 먹었고, 부자들의 연회에 나오는 간식은 먹어 볼 기회조차 없었습니다.

로마의 곡물이나 식재료는 멀리서 오는 경우가 많았습니다. 그래서 로마 사람들은 음식을 오랫동안 보관하기 위해 여러 가지 방법을 개발했습니다. 연기를 쐬어 훈연하거나 소금이나 식초에 절여서 음식을 보관했지요. 로마 사람들은 음식의 감칠맛을 높이려고 생선 액젓을 거의 모든 음식에 넣어 먹었답니다.

도시에는 해방된 노예들이 운영하는 '테르모폴리움'이라는 식당이 있었습니다. 이곳에서는 영양가 많은 스튜와 죽을 포도주와 곁들여 팔았습니다. 이곳은 집에 부엌과 상수도와 하수도가 없는 가난한 사람들에게 인기가 많았습니다. 그리고 사람들이 모여 이야기를 나누기 딱 좋은 곳이기도 했답니다.

부유한 집에서는 노예들이 주인을 위해서 음식을 준비했습니다. 노예들은 상점과 포룸에 있는 장터에서 고기, 채소, 기름을 사다가 주인이 먹을 음식을 만들었습니다. 노예 주인이 집에서 연회를 열 때는 노예들은 음식 장만을 위해서 시장에서 많은 식재료를 사야 했답니다.

한줄요약
부유한 로마 귀족들은 호화로운 식사를 즐겼지만, 보통 사람들은 소박하게 먹었습니다.

희한한 요리
부유한 로마 사람들은 특이한 요리를 즐겼습니다. 이들은 동물의 혀나 바싹 구운 겨울잠쥐, 촉촉하게 익힌 타조, 공작, 기린 다리를 먹기도 했습니다. 심지어 오리 속에 닭, 거위 속에 오리, 돼지 속에 거위를 채운 뒤 마지막에 소 안에 다 집어넣어 구운 음식도 있었습니다. 시원한 음료수를 마시고 싶을 때는 깨끗한 눈을 가져오라고 노예들을 언덕으로 보내기도 했습니다.

부유한 로마 사람들의 연회에는 제국의 각 지역에서 온 최고급 식재료로 만든 음식과 포도주가 나왔다.

포도주는 술이 너무 독하지 않도록 물을 타서 마셨다.

겨울잠쥐 구이나 기린 다리 구이와 같은 독특한 요리도 많았다.

귀족들은 식탁을 둘러싼 소파에 누워 손으로 요리를 집어 먹었다.

한눈에 보는 지식
21 공중목욕탕

로마 사람들은 목욕을 매우 좋아해서 매일 공중목욕탕을 갔습니다. 로마 사람들에게 목욕은 행복하고 건강하게 지내는 방법으로, 공중목욕탕에서 친구들을 만나 토론을 하거나 물건을 사고파는 거래를 하기도 했습니다. 황제가 지은 공중목욕탕은 공짜였으며 남자와 여자는 다른 시간에 공중목욕탕을 이용했습니다. 남탕과 여탕이 따로 있는 공중목욕탕도 있었지요.

로마의 공중목욕탕에는 온탕, 냉탕, 열탕과 함께 작은 욕실들이 딸려 있었습니다. 이 밖에도 아름다운 정원과 운동장, 도서관 등도 있었습니다. 로마 사람들은 공중목욕탕에서 몇 시간이나 보냈습니다.

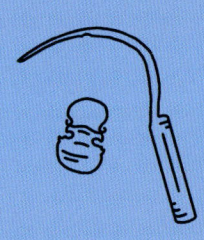

로마 사람들은 공중목욕탕에 가면 욕탕에 들어가기 전에 운동장에 들러 가볍게 운동을 했습니다. 그런 다음, 노예들에게 향기 나는 기름으로 마사지를 받았습니다. 노예들은 목욕하는 사람들의 피부를 기름으로 감쌌다가 휘어진 금속 막대로 벗겨내기도 했습니다. 마사지를 받은 사람들은 찬물, 더운물, 뜨거운 물에 번갈아 들어가며 몸을 씻었습니다.

목욕을 했다고 목욕 시간이 끝난 것은 아니었습니다. 사람들은 몸을 씻은 뒤에도 공중목욕탕에서 정원을 거닐거나 시인의 낭독을 듣거나 곡예사들의 묘기를 보거나 친구들과 함께 주사위 게임을 즐겼습니다. 그런 다음에야 비로소 목욕 시간이 끝났답니다.

한줄요약
공중목욕탕은 깨끗이 씻고, 푹 쉬고, 오락을 즐기는 장소였습니다.

고대 로마인의 건강법
고대 로마 사람들은 씻지 않은 양털에 꿀을 발라 입술 발진에 문지르고, 양털을 포도주나 식초에 담갔다가 꺼내 상처를 치료했습니다. 로마 의사들은 지중해 지역에서 난 재료로 약도 만들었는데, 양파, 당근, 파슬리, 양배추, 알팔파, 산사나무, 히비스커스, 밤 등이 쓰였답니다.

한눈에 보는 지식
22 전차 경주와 검투 경기

대부분의 로마 시민은 가난했습니다. 황제는 한 달에 한 번씩 시민들에게 공짜로 음식을 나누어 주고, 끊임없이 오락거리를 제공했습니다. 유베날리스라는 시인은 이것을 빵과 서커스라고 말하기도 했습니다. 시민들을 즐겁게 해 주려는 목적도 있었지만 로마 제국의 위용을 보여 주려는 목적도 있었습니다.

> 부유한 로마 사람들은 극장에서 희극, 비극, 팬터마임과 같은 연극을 보거나 시인이 직접 시를 낭독하는 걸 듣는 것을 좋아했습니다. 로마의 극장은 그리스 극장을 본떠서 지었습니다. 부자들은 희극이나 비극의 한 장면을 자신의 집에 장식하곤 했습니다.

황제들은 많은 돈을 들여 전차 경주와 검투 경기를 열었습니다. 전차 경주는 '키르쿠스 막시무스'라는 아주 큰 경기장에서 열렸지요. 키르쿠스 막시무스에는 약 25만 명이나 들어갈 수 있었습니다. 경기가 시작되면 기수들은 네 마리의 말이 모는 바퀴가 두 개 달린 수레를 타고 무서운 속도로 내달렸습니다.

잔인하고 살벌한 검투 경기 역시 로마 사람들에게 인기가 아주 많았습니다. 검투사들은 검투사 학교에서 싸우는 기술을 익혔습니다. 검투사들끼리 격투 경기를 하기도 했지만 검투사들이 사자나 곰 같은 맹수와 싸우기도 했습니다.
로마 황제는 격투 경기를 위해서 콜로세움이라는 원형 경기장을 세웠습니다.

한줄요약
로마 사람들은 전차 경주와 검투 경기를 즐겼습니다.

죽느냐 사느냐
검투사들은 대부분 전쟁 포로로 잡힌 노예나 죄수였습니다. 나중에는 빚이 많거나 싸움을 좋아하는 자유민이 돈을 벌려고 스스로 검투사가 되기도 했습니다. 검투사가 되기 위해서는 매우 혹독한 훈련을 받았습니다. 검투사 경기에서 결판이 나지 않으면 경기를 보는 사람들에게 누가 죽고 누가 살아남을지 결정하라고 황제에게 요청하기도 했답니다.

사상과 종교

고대 로마에는 유명한 역사가들과 시인, 철학가들이 많았습니다. 논리적으로 사고하는 능력이 뛰어났기 때문이죠.
또한 종교도 로마 사람들의 삶에서 엄청나게 중요했습니다. 사람들은 다양한 신과 여신을 따랐고, 미신도 많이 믿었습니다. 그래서 일상생활과 자연 현상에서 좋거나 나쁜 '징조'를 찾아냈습니다.
380년경, 크리스트교는 로마의 제국의 공식적인 종교가 되면서 고대 로마의 고유의 종교는 서서히 사라져 갔답니다.

사상과 종교
읽기 전에 알아두기

개종 믿던 종교를 바꾸어 다른 종교를 믿음.

미신 마음이 무엇에 끌려서 잘못 믿거나 아무런 과학적 근거도 없는 것을 무조건 믿는 일.

사제 사원과 그와 관련된 종교 행사를 책임지는 종교적 지도자. 사제는 신들에게 동물 제물을 바치기도 했다.

서사시 역사적 사실이나 신화, 전설, 영웅의 모험 등을 이야기 형태로 쓴 시. 주로 영웅의 모험을 다룬다.

속주 이탈리아반도 이외의 로마 영토.

신단 가족들이 기원을 올릴 수 있도록 신과 정령의 조각상으로 장식한 집의 한 공간.

신화 주로 영웅, 신과 여신, 초자연적 사건과 관련 있는 이야기.

원로원 로마가 공화정이었을 때 입법·자문 기관으로 귀족만 원로원에 들어갈 수 있었다. 민회, 정무관과 함께 로마를 이끌었으며 공화정 시절 실질적인 지배 기관이었다.

원형 경기장 여러 층의 좌석으로 둘러싸인 커다란 원형이나 타원형의 건물로, 검투사 대결이나 그 밖의 다양한 오락 행사가 열렸다.

점성술 별의 빛이나 위치, 운행 등을 연구하여 개인과 국가의 길흉을 점치는 점술.

정무관 로마 시민이 선출한 로마 정부의 관리. 로마가 공화국이었을 때 원로원은 정무관들에게 조언했고, 정무관은 이에 대해 논의하고 그에 따라 행동할지 말지를 결정했다.

제국 로마 역사에서 공화국 이후의 황제가 다스리던 시대, 또는 로마가 정복하고 지배했던 영토 전체를 일컫는 말.

제단 제사를 지내면서 동물 제물을 올리는 단이나 볼록한 둔덕.

철학자 삶의 의미에 관한 사상을 다루고 이에 대해 논의하는 사람.

황제 로마 제국의 최고 지도자. 로마 제국에서는 거의 신과 같은 존재로 여겨지기도 했다.

한눈에 보는 지식
23 위대한 사상가들

로마의 위대한 사상가들은 고대 그리스의 영향을 받아 세상에 대해 깊이 생각했습니다. 이들은 자신들의 생각을 서사시, 역사서, 철학서 등을 통해 표현했고, 지금까지도 많은 사람에게 영향을 끼치고 있습니다.

베르길리우스(기원전 70년~기원전 19년)는 고대 로마의 가장 유명한 시인 가운데 한 명입니다. 그는 라틴어로 11년간 『아이네이스』라는 서사시를 썼지만 완성하지는 못했습니다. 이 시는 트로이의 영웅 아이네이스가 이탈리아에서 로마의 건국의 기초를 이룬 이야기를 다루고 있습니다.

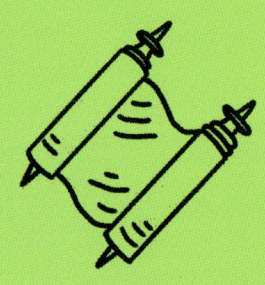

리비우스(기원전 59년~서기 17년)는 고대 로마의 역사가로, 로마의 탄생을 다룬 방대한 역사 시리즈를 썼습니다. 하지만 가장 위대한 로마의 역사가로는 타키투스(서기 56년경~120년경)를 꼽습니다. 그는 로마의 초기 황제들이 통치한 시대와 당시 제국의 국경 너머에 있던 게르만족의 이야기를 남겼습니다.

세네카(기원전 4년경~서기 65년)와 마르쿠스 아우렐리우스(서기 121~180년)는 유명한 '스토아학파' 철학자입니다. 이들은 세상은 혼란스럽고 우리가 통제할 수 없는 곳이지만, 자기 자신의 생각과 믿음을 통제해 '좋은' 사람이 될 수 있다고 믿었답니다.

한줄요약
고대 그리스의 영향을 받은 로마의 사상가들은 지금까지도 많은 영향을 끼치고 있습니다.

철학자가 되어 보자
주변에서 일어나는 일을 깊이 생각해 보고, 질문을 던져 보고, 답을 찾아보면 여러분도 철학자가 될 수 있답니다. 우선 여러분이 답을 얻고자 하는 질문을 생각해 보세요. 그런 다음 그 질문에 대해 3분 동안 질문에 대한 답과 그 이유를 생각해 보고 친구에게 이야기하거나 글로 써 보세요. 예를 들면 "환경을 보호해야 할까?"나 "다른 사람을 돕기 위해 노력해야 할까?" 같은 질문이 있을 수 있답니다.

고대 로마의 지식인 중에는
서사시를 남긴 시인도 있고,
로마의 역사를 기록한 역사가도 있고,
철학을 연구한 철학자도 있다.

대 플리니우스(서기 23~79년)
그는 백과사전인
『박물지』 37권을 썼는데,
지금도 백과사전을 편찬하는 데
영향을 주고 있다.

베르길리우스(기원전 70~19년)
베르길리우스는
로마의 신화와 역사를 함께 엮어
쓰기를 좋아했던 작가다.

리비우스(기원전 59년~서기 17년)
리비우스를 비롯한
로마의 역사가들이 남긴 역사서 덕분에
후세 사람들이 로마에 대해 많은 것을
알 수 있다.

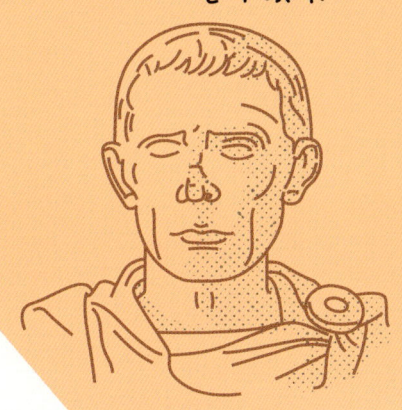

마르쿠스 아우렐리우스(서기 121~180년)
스토아 학파의 철학자인
마르쿠스 아우렐리우스는
로마 황제이기도 하다. 그는 서기 161년부터
180년까지 로마 황제였다.

한눈에 보는 지식
24 미신과 점술

고대 로마 사람들은 점술과 미신을 많이 믿었습니다. 특히 주변에서 일어나는 특정한 일이나 자연 현상을 좋은 일이나 나쁜 일이 일어날 징조로 생각했습니다. 신이 보내는 신호라는 것이지요. 또한 지진이나 화산 같은 자연재해를 신의 분노라고 생각하고, 신을 달래야 자연재해가 사라질 거라고 믿었습니다. 이런 믿음은 먼저 이탈리아 땅에 살던 에트루리아인들로부터 전해진 것으로 보고 있습니다.

<u>로마에는 신관 또는 예언자가 있어 전조를 보고 미래를 예측하기도 했습니다. 이들은 날아가는 새가 그리는 모양, 제물로 바쳐진 동물의 내장을 살펴보고 나라의 미래를 점쳤습니다.</u>

황제와 장군들은 신관이나 점쟁이의 점괘가 나쁘면 전쟁을 멈추곤 했습니다. 어떤 황제는 점쟁이가 하루를 점쳐 줄 때까지 일상생활조차 시작하지 않았다고 합니다. 클라우디우스 황제는 점쟁이를 길러내는 학교를 세우기도 했습니다.

사람들은 '악마의 눈'과 같은 나쁜 정령을 피하려고 부적이나 행운의 마스코트를 몸에 지니고 다녔습니다. 악마의 눈은 악마, 귀신, 악령이나 마녀가 사람들을 아프게 하거나 사고를 일으키거나 불행을 안기도록 쳐다보는 걸 말하지요.

한줄요약
로마 사람들은 점술과 미신을 강하게 믿었습니다.

미신과 괴물

고대 로마인들은 많은 미신을 믿었습니다. 예를 들면 포도주를 흘리는 것도 나쁜 징조라고 생각했습니다. 또 연회를 즐기고 있을 때 수탉이 우는 것, 검은 고양이가 집에 들어오는 것, 뱀이 지붕에서 떨어지는 것 등도 재앙의 징조로 믿었지요.
이뿐만 아닙니다. 늑대인간, 흡혈귀, 새로 변하는 늙은 여인과 같은 악령이 실제로 존재한다고 생각했습니다. 아이들은 자신들의 피를 빨아먹는다는 악령인 라미아와 모르모를 무서워했답니다.

로마 사람들은
미신, 점성술, 악령 등을
강하게 믿었다.

여자 아이들은 결혼할 때까지
'악마의 눈'으로부터 지켜 주는
'루눌라'를 차고 다녔다.

남자 아이들은
악한 영혼으로부터 지켜 주는
'불라'를 목걸이처럼 차고
다녔다.

대부분의 로마 사람들은
점성술을 믿었다.
아우구스투스 황제는
염소 별자리의 문양을
자신의 동전에 새겼다.

라미아는 피에 굶주린 악령으로,
로마 사람들은 라미아가
잡아먹을 아이를 찾으며
주변을 돌아다닌다고 믿었다.

한눈에 보는 지식
25 로마의 신들

로마의 종교는 굉장히 다양한 전통, 종교 의식, 사상, 미신이 섞인 결과물이었습니다. 로마 사람들은 다른 나라나 민족의 기술을 받아들이는 데 주저하지 않았던 것처럼 정복한 지역의 신앙, 전통, 신들까지 '빌려왔습니다'.

기원전 146년, 로마는 그리스의 일부 지역을 점령했습니다. 이탈리아 남부에도 그리스 사람들이 들어와 살고 있었지요. 자연스럽게 로마와 그리스의 문화가 섞였고, 로마 사람들은 그리스 사람들이 믿던 신과 여신을 받아들였습니다. 하지만 로마 사람들은 그리스 신들의 이름을 바꾸었습니다. 그리스 신들에게 옛 에트루리아어나 라틴어 이름을 붙인 것입니다. 예를 들어 그리스의 최고신 제우스는 유피테르, 사냥의 여신인 아르테미스는 디아나로 바뀌었지요.

로마도 그리스처럼 신전마다 모시는 신이 따로 있었고, 신전마다 사제가 있었습니다. 시대에 따라 인기 있는 신도 달랐습니다. 예를 들어 서기 1세기부터 4세기까지는 황소를 죽이는 신인 미트라스의 인기가 높았습니다.

로마 사람들은 그리스에서 들어온 신뿐만 아니라 수백 명의 작은 신과 정령도 믿었습니다. 이 신들이 일상생활과 날씨, 자연, 농사, 건강, 행운, 번영 등을 다스리는 존재라고 믿었기 때문입니다. 사람들은 집에 제단과 신단을 마련하고 신들의 그림이나 조각상으로 장식한 뒤 제물을 바쳤습니다.

한줄요약
로마에는
다양한 문화에서 전해진
수많은 신이 있었습니다.

집안을 보살피는 신들
로마의 신은 어디에나 있었습니다! 야누스는 대문과 시작의 신이면서 집안의 최고 수호신입니다. 카르데아는 문과 문틀을 연결하는 문돌쩌귀의 여신이고, 리멘티우스는 문을 건너는 곳에 있는 문지방의 신입니다. 베스타는 아궁이의 여신으로 로마 가정을 지키는 영혼의 중심이었지요. 심지어 거름의 신 스테르쿨리우스나 거푸집의 신 로비구스도 있었답니다.

한눈에 보는 지식
26 종교 축제

로마는 신이나 정령을 위한 종교 축제가 아주 많았습니다. 달력에는 달마다 종교 축제로 가득했지요. 로마 사람들이 신들과 정령들이 사람들의 모든 삶에 영향을 끼친다고 믿었기 때문입니다. 그래서 신과 정령을 기쁘게 하기 위해서 축제를 열어 신들에게 풍년을 되기를 빌고, 건강하고 행복한 삶이 되기를 빌었습니다.

고대 로마의 중요한 축제로는 사투르날리아가 있었습니다. 사투르날리아는 농업의 신인 사투르누스를 위한 날로, 12월 17일부터 일주일간 이어지는 겨울의 축제였습니다. 오늘날의 크리스마스와 거의 비슷합니다. 이 기간 동안 로마 사람들은 마음껏 먹고 마시고 친구들을 방문해 선물을 주고받았답니다.

로마에서는 종교 축제일이 아니어도 휴일이 선포되기도 했습니다. 예를 들어 로마 군대가 눈부신 승리를 거두었거나 로마가 심각한 위험에 처해 있을 때 휴일을 선포했습니다.

축제일에는 해당하는 신이 머무는 신전으로 행사가 했습니다. 행렬에 참석한 사람들은 기도문을 읊고 신전의 제단에 동물 제물과 공물을 바쳤습니다. 동물의 내장을 태우면 연기가 올라가면서 동물 제물이 신의 세계로 간다고 생각했습니다. 태우고 남은 고기는 신전에 모인 사람들이 나누어 먹었답니다.

한줄요약
고대 로마에는 달마다 축제와 공휴일이 있었습니다.

역할을 바꾸기
사투르날리아 축제 기간에는 주인이 자신의 노예와 역할을 바꿀 수 있었습니다. 이 날은 노예가 주인의 옷을 입고 주인에게 식사 대접을 받았다고 합니다.
여러분이 누군가와 하루 동안 역할을 바꿀 수 있다고 생각해 보세요. 누구와 역할을 바꾸고 무엇을 하고 싶나요? 여러분의 하루가 어떨지 적어 보세요.

한눈에 보는 지식
27 크리스트교

고대 로마 사람들은 많은 신을 믿었습니다. 하지만 모든 로마 사람이 그런 것은 아니었습니다. 크리스트교를 믿는 사람들은 유일신을 믿었습니다. 크리스트교는 로마의 속주였던 팔레스타인에서 태어난 예수가 일으킨 종교로, 유일신이 세상을 창조했다고 믿습니다.

로마 정부는 크리스트교 신자들이 로마의 신들 대신 유일신을 따르는 것이 못마땅하게 생각했습니다. 게다가 크리스트교 신자들은 로마 황제를 신으로 받들어 모시는 것을 거부했습니다. 로마 정부는 예수를 잡아서 십자가에 못 박아서 죽였습니다. 하지만 크리스트교는 점점 퍼져 나갔고, 로마 정부는 예수의 제자와 크리스트교 신자들을 잡아들여서 목숨을 빼앗았습니다.

서기 312년 무렵, 로마의 콘스탄티누스 황제가 전쟁터에서 하늘에 떠 있는 십자가를 봤다고 한 뒤에 크리스트교로 종교를 바꾸었습니다. 그 뒤 로마 사람들도 자유롭게 크리스트교를 믿을 수 있게 됐습니다. 서기 380년, 크리스트교는 로마 제국의 공식 종교가 됐습니다.

콘스탄티누스와 그의 뒤를 이은 황제들도 크리스트교 믿었고, 큰 돈을 들여 교회를 세웠습니다. 그 뒤 수많은 로마 사람이 크리스트교 신자가 됐습니다.

한줄요약
콘스탄티누스 황제 이후로, 로마 사람들도 크리스트교를 믿을 수 있게 되었습니다.

크리스트교 박해

콘스탄티누스 황제가 크리스트교를 믿기 전까지 로마의 황제들은 크리스트교가 황제의 권위를 무너뜨리고 다신교인 로마의 전통을 망가뜨릴까 봐 두려워했습니다. 그래서 크리스트교 신자들을 십자가에 못 박거나 불에 태워서 죽이기도 했습니다. 이뿐만 아니라 검투 경기에 내보내 대결을 벌이게 만들거나 사자와 같은 맹수의 먹이로 던지기도 했습니다. 크리스트교 신자들은 지하 교회에 모여서 기도를 드렸답니다.

크리스트교를 처음 믿은
황제는 콘스탄티누스 황제로,
콘스탄티누스 황제는 서기 312년 무렵에
크리스트교로 종교를 바꾸었습니다.

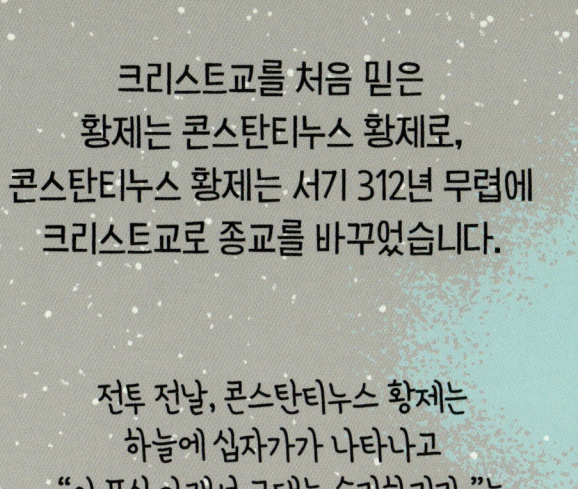

전투 전날, 콘스탄티누스 황제는
하늘에 십자가가 나타나고
"이 표식 아래서 그대는 승리하리라."는
말이 울려 퍼지는 꿈을 꿨다.

콘스탄티누스 황제는
십자가 모양을 군인들의
방패에 그렸고
전투에 승리했다.

콘스탄티누스 황제는
로마 사람들이 크리스트교를
자유롭게 믿을 수 있게 했다.
그 뒤 크리스트교는 로마 제국의
공식 종교가 됐다.

무너진 제국

로마 제국은 3세기부터 힘이 약해지지 시작했습니다. 결국 로마는 넓디넓은 영토를 다스리기 힘들어 로마를 동로마와 서로마로 나누어 다스리기 시작했습니다. 그 뒤 서로마 제국은 476년에 게르만족의 침입으로 멸망했습니다. 이에 비해 비잔틴 제국이라고도 부르는 동로마 제국은 무너지지 않고 1453년까지 이어졌습니다.

지금도 로마의 공화정을 비롯해 도로, 상하수도, 건축 양식 등의 문화는 서양 문화에 크나큰 영향을 미치고 있습니다.

무너진 제국
읽기 전에 알아두기

민족 일정한 지역에서 오랜 세월 공동생활을 하면서 같은 문화와 언어를 함께한 사람들의 집단.

원로원 로마가 공화정이었을 때 입법·자문 기관으로 귀족만 원로원에 들어갈 수 있었다. 민회, 정무관과 함께 로마를 이끌었으며 공화정 시절 실질적인 지배 기관이었다.

윤년 한 해가 365일이 아닌 366일인 해. 윤년은 4년마다 한 번씩 돌아온다.

제국 로마 역사에서 공화국 이후의 황제가 다스리던 시대, 또는 로마가 정복하고 지배했던 영토 전체를 일컫는 말.

포르티코 기둥 위에 얹힌 지붕. 보통 건물 입구에 세운다.

황제 로마 제국의 최고 지도자. 로마 제국에서는 거의 신과 같은 존재로 대접받았다.

흑사병 쥐에 붙어 사는 벼룩에 의해 페스트균이 옮겨져 발생하는 급성 감염병. 페스트라고도 한다.

한눈에 보는 지식
28 서로마 제국의 멸망

서기 3세기부터 로마 제국의 힘은 약해지기 시작했습니다. 로마 제국의 군대는 제국의 동쪽에 있는 사산 왕조 페르시아와 북쪽에서 몰려들어 오는 게르만족을 간신히 막고 있었습니다. 로마 제국의 영토는 너무 넓어서 다스리기도 힘들었습니다. 황제의 힘도 약해진 탓에 황제들은 황제 자리에서 오래 버티질 못했습니다.

284년, 황제 자리에 오른 디오클레티아누스는 제국을 다스리기 쉽도록 넷으로 쪼갰습니다. 넷으로 갈라진 영토는 두 명의 황제와 두 명의 부황제가 다스렸습니다. 이를 '사분 통치'라고 합니다. 디오클레티아누스가 죽은 뒤 왕이 된 콘스탄티누스 황제는 수도를 로마에서 콘스탄티노플로 옮기고 나라를 안정시키려고 노력했습니다. 하지만 로마의 혼란은 계속되었습니다. 결국 4세기에 이르러 로마 제국은 동로마 제국과 서로마 제국으로 완전히 갈라졌습니다.

서로마 제국은 갈수록 '게르만족'의 침입에 시달렸습니다. 로마 정부는 어쩔 수 없이 돈을 주고 게르만족을 군인으로 삼았습니다. 게르만족 군인들은 아주 사납고 용맹했지만, 로마인에 대한 충성심은 거의 없었습니다. 476년, 게르만족인 플라비우스 오도아케르가 반란을 일으켜 로물루스 아우구스툴루스 황제를 끌어내렸습니다. 그렇게 서로마 제국은 사라졌습니다.

한줄요약
서로마 제국은 게르만족의 침입으로 476년에 멸망했습니다.

야만인
고대 로마 사람들은 로마 제국에 살지 않는 사람들을 '야만인'이라고 불렀습니다. 여러 민족들 중 북유럽에서 살고 있는 게르만족이 가장 많았습니다. 또한 게르만족도 수많은 부족으로 나뉘어 있었습니다. 이들은 서로 많이 달랐고, 로마 사람과 싸울 뿐만 아니라 서로도 싸웠습니다.
게르만족의 주요 부족으로는 고트족, 프랑크족, 반달족, 훈족, 색슨족 등이 있습니다.

로마 제국은
동로마 제국과 서로마 제국으로
나뉘었다.

서로마 제국은
점점 더 많은
주변 민족들의 공격을
받았다.

서고트족과
다른 게르만족들이
로마를 공격했다.

아시아에서
밀려들어 오는 훈족을 피해
게르만족들이 로마의 영토로
몰려들었다.

서로마 제국

로마

콘스탄티노플

동로마 제국

게르만족의
한 부족인 반달족은
북아프리카와 스페인을
공격했다.

서로마 제국은
게르만족의 반란으로
서기 476년에
멸망했다.

한눈에 보는 지식
29 동로마 제국의 멸망

동로마 제국은 서로마 제국보다 무려 1000년 이상 나라를 더 이어 나갔습니다. 동로마 제국의 수도인 콘스탄티노플은 사방이 절벽으로 둘러싸여 있어서 다른 민족이 쳐들어오기 힘들었을 뿐만 아니라, 동서 무역의 중심지로 경제적인 번영을 누렸기 때문입니다.

동로마 제국의 수도인 콘스탄티노플은 콘스탄티누스 황제 때부터 로마 제국의 수도였습니다. 콘스탄티노플 황제가 로마 제국의 수도를 로마에서 비잔티움으로 옮기고, 자신의 이름을 따서 수도를 콘스탄티노플이라고 불렀지요. 그래서 동로마 제국을 비잔틴 제국이라고도 합니다.

동로마 제국은 여러 모로 서로마 제국과 달랐습니다. 공화정의 전통은 사라지고 황제의 권력이 아주 강했습니다. 문화도 그리스와 더 비슷했지요. 헤라클리우스 황제는 나라에서 쓰는 공식 언어를 라틴어에서 그리스어로 바꾸어 버렸습니다.

동로마 제국도 끊임없이 다른 나라의 침입을 받았습니다. 7세기에는 사산 왕조 페르시아, 아바르족, 슬라브족과 이슬람 세력으로부터, 9세기에는 스웨덴의 바이킹들이 콘스탄티노플을 공격했습니다. 처음에는 동로마 제국은 다른 나라의 침입을 잘 막아냈습니다. 하지만 11세기가 되자 셀주크 튀르크족이 비잔티움 일부를 정복하기 시작했습니다. 결국 1453년에 오스만 제국이 동로마 제국을 무너뜨렸습니다.

한줄요약
동로마 제국은 1453년에 오스만 제국의 침입으로 멸망했습니다.

동로마 제국
동로마 제국 사람들은 그리스어를 썼고, 동방 정교회를 믿었습니다. 동로마 제국의 가장 위대한 황제는 유스티아누스였습니다. 그는 그림, 음악, 연극을 장려하고 나라를 개혁했습니다. 여성이 땅을 살 권리를 갖게 된 것도 유스티니아누스 황제 때부터입니다. 유스티아누스는 콘스탄티노플에 성 소피아 대성당을 지었습니다.

서로마 제국이 멸망한 뒤에도 비잔틴 제국이라고도 부르는 동로마 제국은 1000년 이상 나라를 이어갔다.

313~364년

로마 제국이 동로마 제국과 서로마제국으로 나뉘었다.

527~565년

동로마 제국은 유스티아누스 1세 때 가장 강력하고 부유했다.

626년

사산 왕조 페르시아와 아바르족, 슬라브족이 콘스탄티노플을 포위했다.

1326~1331년

오스만 제국이 동로마 제국의 중요 도시인 프루사와 니케아를 차지했다.

1071년

셀주크 튀르크족이 소아시아지역 대부분을 정복했다.

634~641년

이슬람 세력이 이집트와 지중해 동부를 정복했다. 그 후 북아프리카의 대부분도 이슬람 세력이 정복했다.

1341~1347년

동로마 제국에 '흑사병'이 퍼지면서 수백만 명이 목숨을 잃었고, 제국의 힘이 약해졌다.

1453년

오스만 제국이 콘스탄티노플을 정복했고 동로마 제국은 멸망했다.

한눈에 보는 지식
30 로마의 유산

지금도 고대 로마 사람들이 발명한 콘크리트, 중앙 난방, 로마 숫자 등이 쓰이고 있습니다. 또한 로마 사람들이 개척한 길을 따라 수많은 도로가 건설됐습니다. 로마의 건축물에 있던 거대한 기둥과 포르티코는 지금도 유럽의 은행이나 재판소와 같은 중요한 공공건물에서 찾아볼 수 있습니다.

로마는 어마어마한 양의 물을 도시 근처에서 수도교를 통해 끌어와 시민들에게 공급했는데, 도시 사람들에게 물을 공급하는 방식은 지금도 도시를 건설할 때 가장 중요하게 계획해야 하는 부문입니다. 로마의 거리 아래를 가로지르는 로마의 거대한 하수도는 지금도 로마 배수 시설의 기반입니다.

현대 민주주의 국가는 대부분 국민이 뽑은 지도자, 입법 회의, 분리된 사법 제도와 같은 로마의 행정 방식을 따르고 있습니다. 또 로마 사람들은 배심원 재판, 계약서, 유언장과 같은 법적인 제도도 남겼답니다.

심지어 우리가 쓰는 달력도 로마의 발명품입니다. 기원전 46년, 율리우스 카이사르는 1년을 365일, 12개월로 나누는 새로운 달력을 만들었습니다. 그는 또한 윤년을 생각해 내기도 했습니다. 마지막으로 많은 언어가 라틴어에서 생겨났습니다. 프랑스어, 스페인어, 이탈리아어를 포함해 라틴어에서 비롯한 언어들을 로망스어라 부른답니다.

한줄요약
로마 제국의 다양한 사상과 발명품은 지금도 많은 영향을 미치고 있습니다.

알파벳
로마 사람들은 새로운 지역을 정복할 때마다 로마자, 다시 말해 알파벳을 가르쳤습니다. 로마자는 세계에서 가장 널리 퍼진 문자가 됐습니다. 5세기경까지 로마자는 왼쪽에서 오른쪽이 아니라 오른쪽에서 왼쪽으로 읽었습니다. 전통적인 로마자에는 J, U, W가 없었고 K, Y, Z는 그리스어에서 따온 단어에만 쓰였습니다.

로마 사람들이 남긴 사상과 발명품은
유럽 문화에 큰 영향을 주었습니다.

율리우스 카이사르는
1년을 365일, 12개월로
나누는 달력을 만들고,
7월을 자신의 이름을
따 줄라이(July)라고
부르게 했다.

지금 우리가 쓰는
아라비아 숫자가 전해진 1600년대 전까지
로마 숫자가 유럽에서 쓰였다.
지금도 로마 숫자는
여러 곳에서 찾아볼 수 있다.

로마 제국은
배심원 제도를 남겼다.
배심원 제도는
법률가가 아닌 일반 사람이
재판에 참여하여
판정을 내리는 제도이다.

로마자는 세계에서
가장 널리 퍼진 문자다.

지식 플러스
로마 제국의 유적과 유물

포룸

포룸은 중요한 기관과 신전에 둘러싸인 드넓은 공공 광장이다. 로마 제국의 주요 도시 중앙에 포룸이 자리했다. 로마 시민들은 포룸에서 물건을 사고파는 거래를 하고 사람들과 정보를 나누며 자신이 원하는 주제에 대해 연설하곤 했다.

▲ 로마 시내 중심부에 있는 '포룸 로마눔'

콜로세움

로마 시내에 있는 4층 규모의 거대 원형 경기장이다. 서기 72년 베스파시아누스 황제가 공사를 시작하고 그의 아들인 티투스 황제가 서기 80년에 공사를 마쳤다. 이때는 아직 객석이 3층까지밖에 없었지만, 티투스의 아들인 도미티아누스 황제가 한 층을 더 올려 지금의 모습을 완성했다. 이곳에서 최대 5만 명의 시민들이 모여 검투사 경기를 즐겼다.

판테온

로마에 있는 모든 신을 모시는 신전으로 '만신전'이라고도 부른다. 기원전 27년에 처음 지어졌으나 불타 사라져 버렸다. 지금 남은 판테온은 서기 125년경 하드리아누스 황제가 다시 세운 것이다. 아무런 장치 없이 아치형으로 이어진 콘크리트 조각들이 서로를 받치는 힘만으로 유지되는 거대한 돔이 유명하다. 돔의 중앙에 있는 둥근 구멍(오쿨루스)으로 빛을 받아들였다. 지금까지 남아 있는 고대 로마의 유적 가운데 가장 상태가 좋다.

개선문

로마의 황제들은 자신의 업적과 제국의 위엄을 알리기 위해 포럼 주변에 개선문을 세웠다. 개선문에는 업적을 알리는 글귀나 신들과 군대의 모습을 표현한 부조를 새겼다.

◀ 티투스 황제에게 바친 개선문

원형 극장

로마 사람들은 고대 그리스의 원형 극장을 본뜬 야외극장을 짓고, 이곳에서 연극이나 시 낭독을 즐겼다. 로마 극장은 당시 로마 제국의 영토였던 유럽 일대와 중동 곳곳에 남아 있다.

로마 원형 극장 ▶

도로

로마 제국은 돌로 잘 포장된 도로를 통해 건설했다. 군단병은 이 길을 따라 전투를 하러 떠났고, 소금을 비롯한 제국 곳곳의 먹거리와 일상용품은 길을 따라 로마로 모였다. 땅을 고르게 다지고 평평하게 건설한 로마의 포장도로들은 지금까지도 남아 있다.

◀ 이탈리아 사르디니아의 로마 도로

요새와 성벽

로마 군단은 새로 정복한 영토의 경계에 방어용 성벽을 쌓고 요새를 지어 국경선을 지켰다. 지금의 영국에 해당하는 로마 브리타니아에 지은 하드리아누스 성벽은 로마 제국의 가장 북쪽 국경선이다. 지금도 성벽 일부와 요새 유적이 남아 있다.

하드리아누스의 성벽 ▶

성 소피아 대성당

동로마 제국에 많은 개혁을 일으킨 유스티아누스 황제는 콘스탄티노플(지금의 튀르키예 이스탄불)에 성 소피아 대성당을 지었다. 처음에는 크리스트교 성당으로 쓰였지만, 오스만 제국이 동로마 제국을 무너뜨린 후에는 이슬람 사원으로 바뀌었다.

지식 플러스
로마 제국의 유적과 유물

수도교

로마가 물을 끌어오기 위해 지은 수도교는 아치형을 이용해 물을 끌어오는 장치다. 살짝 기울어졌기 때문에 물이 자연적으로 아래로 흘러내렸다. 위쪽 다리는 송수로, 아래쪽 다리는 사람들의 통로로 쓰였다.

◀ 프랑스의 퐁뒤가르 수도교

공중목욕탕

로마 사람들은 목욕을 아주 중요하게 생각했기 때문에 로마 제국 곳곳에 대형 공중목욕탕을 지었다. 사람들은 이곳에서 가볍게 운동하고 목욕과 사우나로 몸을 깨끗하게 씻은 뒤 공연을 보거나 주사위 게임을 하며 놀았다. 영국 바스시에는 지금도 온천이 솟아나는 로마의 공중목욕탕이 고스란히 남아 있다.

폼페이에 있는 공중목욕탕 유적 ▶

인술라

로마 제국의 가난한 평민들은 지금의 아파트나 빌라와 비슷한 공동 주택인 인술라에 모여 살았다. 인술라에는 부엌이나 배수로가 없는 경우가 많아서 주민들은 골목의 상점에서 밥을 사 먹고 공중화장실에서 볼일을 보곤 했다. 로마에 남은 인술라 유적은 드문 편이다.

◀ 로마의 인술라

주택

재산이 많은 로마 귀족은 거대한 주택에서 살았다. 주택의 중심에는 아트리움이라는 안뜰을 두고, 그 주변에 화려하게 장식한 방들과 거실이 있었다. 베수비오산이 폭발하며 화산재에 묻힌 폼페이 유적에서 다양한 도시 주택이 발굴됐다.

폼페이 유적에 남은 저택 ▶

프레스코

프레스코는 벽에 칠한 회반죽이 아직 축축할 때 그 위에 그린 그림이다. 로마인들은 신화 속 장면, 일상생활 모습, 주택 주인의 초상화 등 다양한 그림을 프레스코로 남겼다. 폼페이 유적에 있는 도시 주택의 벽들은 아름다운 프레스코로 장식돼 있다.

모자이크

로마 사람들은 프레스코와 더불어 모자이크로 로마의 건물을 장식했다. 모자이크 기술자들은 색색의 작은 돌조각이나 유리 조각을 늘어놓아 동식물, 신화 속 인물의 그림이나 기하학적인 무늬를 만들었다.

▶ 집 안을 장식한 모자이크

동전과 사치품

로마 사람들은 금속과 유리를 아주 잘 다루었다. 녹인 금속을 틀에 부어 굳혀 정교한 무늬와 글귀가 새겨진 금화와 은화를 찍어 냈다. 또한 겹겹이 쌓은 유리에 모양을 새겨 겉과 색이 다른 부분을 드러내는 카메오 기법을 발전시켰다. 지금도 세계 곳곳에서 로마제국의 동전과 사치품이 발굴되곤 한다.

◀ 로마 금화

조각상

로마 제국은 그리스의 예술을 받아들이고 흉내 내며 점차 자신들만의 예술품을 만들기 시작했다. 로마인들이 남긴 조각상은 고대 그리스의 조각상과 아주 비슷하게 생겼지만, 그리스보다 좀 더 사실적인 느낌이 강하다. 로마에는 여러 신들이나 황제, 유명한 시민들의 조각상이 남아 있다.

아구스투스 황제 ▶

초등학생을 위한 지식습관 ⑭

고대 로마 30

글 | 사이먼 홀랜드 그림 | 애덤 힐
옮김 | 김은영 감수 | 조한욱

1판 1쇄 인쇄 | 2023년 1월 27일
1판 1쇄 발행 | 2023년 2월 21일

펴낸이 | 김영곤
이사 | 은지영
영상사업1팀 | 김종민
아동마케팅영업본부장 | 변유경
아동마케팅1팀 | 김영남 황혜선 황성진 이규림
아동영업팀 | 한충희 강경남 오은희 김규희
편집 | 꿈틀 이정아 이정화 **북디자인** | design S 손성희 **제작 관리** | 이영민 권경민

펴낸곳 | (주)북이십일 아울북
등록번호 | 제406-2003-061호 **등록일자** | 2000년 5월 6일
주소 | 경기도 파주시 회동길 201(문발동) (우 10881)
전화 | 031-955-2128(기획개발), 031-955-2100(마케팅·영업·독자문의)
팩시밀리 | 031-955-2421
브랜드 사업 문의 | license21@book21.co.kr
이미지 | 셔터스톡 92, 93, 94, 95

ISBN 978-89-509-7893-8 74370
ISBN 978-89-509-0007-6 74370(세트)

Ancient Rome in 30 Seconds
Text: Simon Holland, Illustrations: Adam Hill
Copyright ⓒ 2016 Quarto Publishing plc
First published in the UK in 2016 by Ivy Kids, an imprint of The Quarto Group.
All rights reserved.

Korean translation ⓒ 2023, Book21
This edition is published by arrangement with Quarto Publishing plc through KidsMind Agency, Korea.
이 책의 한국어판 저작권은 키즈마인드 에이전시를 통해 Quarto Publishing plc와 독점 계약한 북이십일에 있습니다.
신 저작권법에 의해 한국 내에서 보호를 받는 저작물이므로 무단전재와 복제를 금합니다.

· 잘못 만들어진 책은 **구입하신 서점**에서 교환해 드립니다.

· 제조자명: (주)북이십일
· 주소 및 전화번호: 경기도 파주시 회동길 201(문발동) / 031-955-2100
· 제조연월: 2023. 2. 21.
· 제조국명: 대한민국
· 사용연령: 3세 이상 어린이 제품

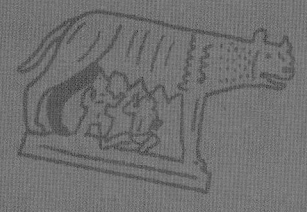
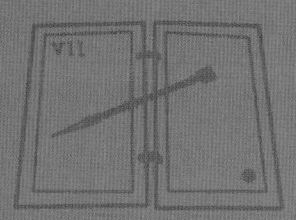

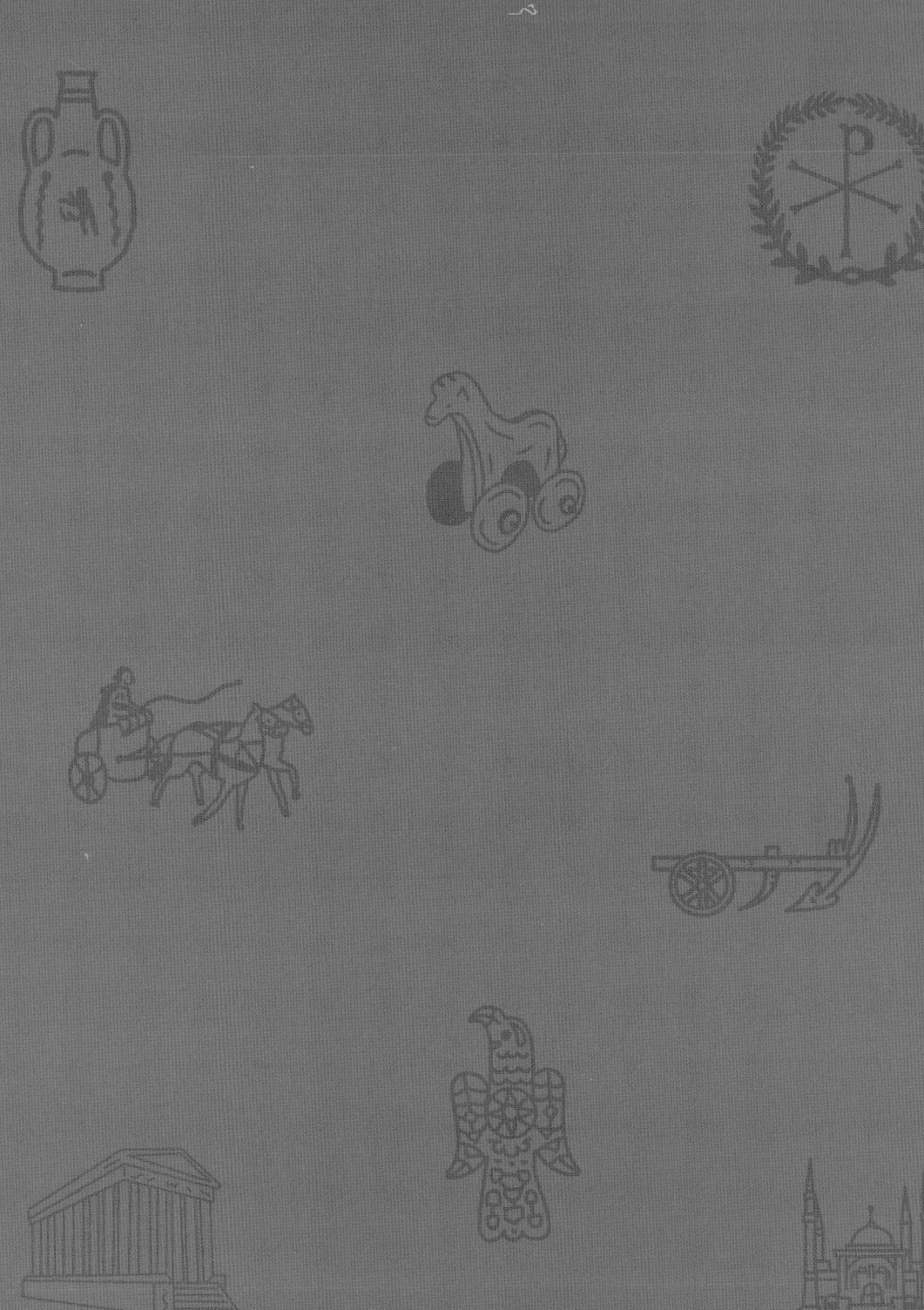